中国「反日の闇」

浮かび上がる日本の闇

遠藤 誉
Endo Homare

ビジネス社

はじめに

2024年5月31日夜、靖国神社入り口の石柱に登り英文字でToilet（トイレ）と書き、6月1日に帰国した董《とう》光明容疑者は、実は2015年に中国で逮捕され服役していた犯罪者だ。来日する直前には恐喝で大金をせしめ、靖国神社での落書きを動画配信して、さらに金儲けをしようともくろんでいた。このような者を審査もせずに、たやすく入国させた日本政府の手ぬるさに呆れる。

まるで笊《ざる》のような警戒しかしていないことを知った中国人模倣犯がその約3か月後の8月19日に現れ、靖国神社の同じ石柱に落書きして帰国した。

すると、その事件を報道するNHKラジオ国際放送の中国人外部スタッフが、原稿にない発言をして日本を侮辱するという「報道テロ」が起きている。落書き模倣犯は防犯カメラに写っていたのだから、もし日本政府側に出国を阻止して動機解明などをする気があれば、直ぐに動けたはずだ。しかし何もせずに、やすやすと出国させてしまった。

NHKの「報道テロ」は中国人外部スタッフのパスポートを一時預かるなどして、これも動機と責任を追及すべきだったが、NHKも日本政府側も何もせず、「犯罪人引渡し条約」のない中国にさっさと帰国させてしまった。

なんという無能ぶり！　なんという体たらく！

これで中国に舐《な》められない日本などあり得るはずがない。

案の定、6月24日には蘇州《そしゅう》日本人学校スクールバスのバス停で日本人親子が中国人男性の襲撃に遭い、それを阻止しようとした中国人女性が男に何度も刺されて亡くなられた。このような尊い行動を咄嗟に取る中国人もいるが、しかし事態は日本人を襲撃する方向に動いていった。

かつての「満州事変」へと発展していった1931年9月18日は、中国にとっては「九一八、恨みの日」に当たる。その日に広東省深圳市の日本人学校に通う10歳の児童が中国人男性に刺殺された。現行犯として逮捕された男性は、刃物を所持し日本人児童を刺殺したことを認めた。動機は中国共産党が支配している限り百年経っても出てこないだろう。犯人が自白したとしても、中国政府にとって都合のいい理由を発表するだけだ。

中国外交部はすべて「偶然のできごと」で片づけている。

日本の政府や政治家は「動機をはっきりさせろ」とか「絶対に許せない」などと勇ましいことを言ってはいるが、それをくいとめる「カード」を持っていない。実際に中国の「愛国主義教育」の名のもとに断行されている「反日教育」がどのような国策のもとで行われているかを直視しさえすれば、日本が国家として、どのような戦略と「カード」を持つべきかが明確になるはずだ。そのような「国家観」を持った賢人は日本の政治家の中にはいないのか。

このままでは残念ながら、日本人犠牲者は今後も増えていくだろう。

本書では、これら一連の事件の背後にある**「反日の闇」**を炙《あぶ》りだすとともに、なぜ中国の反日が加速しているのか、その正体を浮き彫りにする。

「反日授業」のための「学習指導要領」を手に入れているので、第三章でその内容をご披露するが、それをご覧になれば、いかに「日本への恨みを掻き立てていくものか」が明白になるだろう。体感的に日本を恨まずにはいられなくなる「仇日教育」の実態は、**「日本人なら殺しても罪にはならない」**という心理を一部の中国人に惹起させる結果を招いている。

「反日教育」そのものは1994年から江沢民が始めたものだが、のちの胡錦濤政権になると過度の「反日教育」はナショナリズムを煽るとして抑制しようとしたことがある。すると胡錦濤は売国奴呼ばわりされるに至る。2012年秋に起きた大規模な反日暴動は、習近平に政権交代することになっていた第18回党大会の開催をさえ危うくさせた。反日デモ参加者を逮捕して党大会をなんとか開催したものの、中共中央総書記になった習近平は、「反日」に舵を切った。立て続けに「抗日戦争勝利記念日」や「南京大虐殺者哀悼記念日」あるいは「烈士記念日」などを制定し、「抗日戦争を戦った中心の柱は中国共産党である」という虚偽のスローガンを打ち立て、2023年12月には「中華人民共和国愛国主義教育法」を制定した。

中国の授業科目にある「思想政治」は非常に重要視され、長いこと大学入試の必須科目になっていた。今でも「政治」の授業では時々刻々の世界情勢が盛んに教えられる。日本がアメリカに追随して対中包囲網を形成し、再びあの日本帝国主義時代の軍事国家になろうとしていると、中国では激しく授業で強調される。

一方、1980年に入ると改革開放により日本のアニメや漫画が怒濤のように中国に上陸し、「日本大好きな中国動漫新人類」が誕生していた（動漫＝アニメ＋漫画）。民主主義国家日本の精神に「汚染」された若者が増えると中国共産党の一党支配が危なくなる。そこで中国政府は国産の動漫制作を奨励すると同時に抗日戦争ものの映画やドラマに対する制作許可の基準を甘くした。それがネット時代と結びつき、より激しい反日行動が人気を呼び、動画配信で金稼ぎをする若者の間に蔓延しはじめ、「反日同調圧力」を強めていったのである。

その証拠に、80年代に来日した中国人留学生には「反日感情」は微塵《みじん》もなかった。戦後復興を遂げた日本を尊敬し、文化大革命で学習の機会を奪われ30代後半になってしまった者が多かった。彼らは「反日教育」の洗礼を受けていない。逆に80年以降に生まれた中国動漫新人類のほうが心の奥に激しい反日感情を併存させている。40年間、留学生教育の現場にいた者として確信をもって断言できる。

ところで中国は後進性の利を牛かして、パソコンに関するIT人材が多い。日本動漫で日本語を覚えたIT人材がいま何をしているかご存じだろうか？　それは日本の官公庁が発注するデータ作成などの孫請け業務だ。日本の官公庁から大型プロジェクトを受注した日本の大手企業は、実際の業務を日本の下請け会社に委託し、その会社は大手企業がピンハネした残りの少ない経費しかもらえないので、安い給料でも働いてくれる中国人人材に孫受けさせている。

本書の第五章では、こういった「日本の闇」をも暴き、日本政府に問いを突きつけた。読者の皆様とともに考えていきたい。

遠藤誉

第三章　歪んで加速する「反日の闇」

第四章　「反日の闇」が生んだ深圳の日本人男児刺殺事件

第五章　日本の闇
──日本の官公庁のデータは中国人が作成している！

第一章

靖国落書き犯に犯罪歴
日本の入国審査の怠慢

前科のあった靖国落書き犯

２０２４年5月31日夜に靖国神社入り口の石柱に登り英文字でToilet（トイレ）と書き、6月1日に帰国した董《とう》光明容疑者は、実はこれまでに中国で度重なる犯罪行為を続け、２０１５年には賭博場違法開設などの罪で逮捕され服役していた。

3年以上の懲役刑で監獄にいたが２０１７年に減刑され釈放されている。

その後も自身の猥褻《わいせつ》な風俗歴を暴露してアクセス数を稼いだり、恐喝をくり返したりなどしていたので、彼のアカウントは２０２４年2月に使用禁止となったほどの、中国では名だたる「凶悪事件常習犯」だ。今年5月には恐喝で大金をせしめた直後に来日し、靖国神社で落書きし、放尿する姿とともに動画配信して金儲けをしようとした（彼自身のアカウントは凍結されているので友人のアカウントを借りたものと推測される）。

8月27日に中国の杭州《こうしゅう》市公安局は5月の脅迫事件で董光明を拘束した。

董光明は、どれから説明していいか分からないほどの犯罪歴を持っているが、先ずは２０１５年に逮捕され監獄にいた状況を、裁判所の文書を基に説明したい。

中国には「中国裁判文書網」というウェブサイトがあって、さまざまな裁判における判決文を見ることができる。念のため、「中国裁判文書網」のトップページは図表1-1のようになっている。

ネットで発見された靖国神社落書き犯

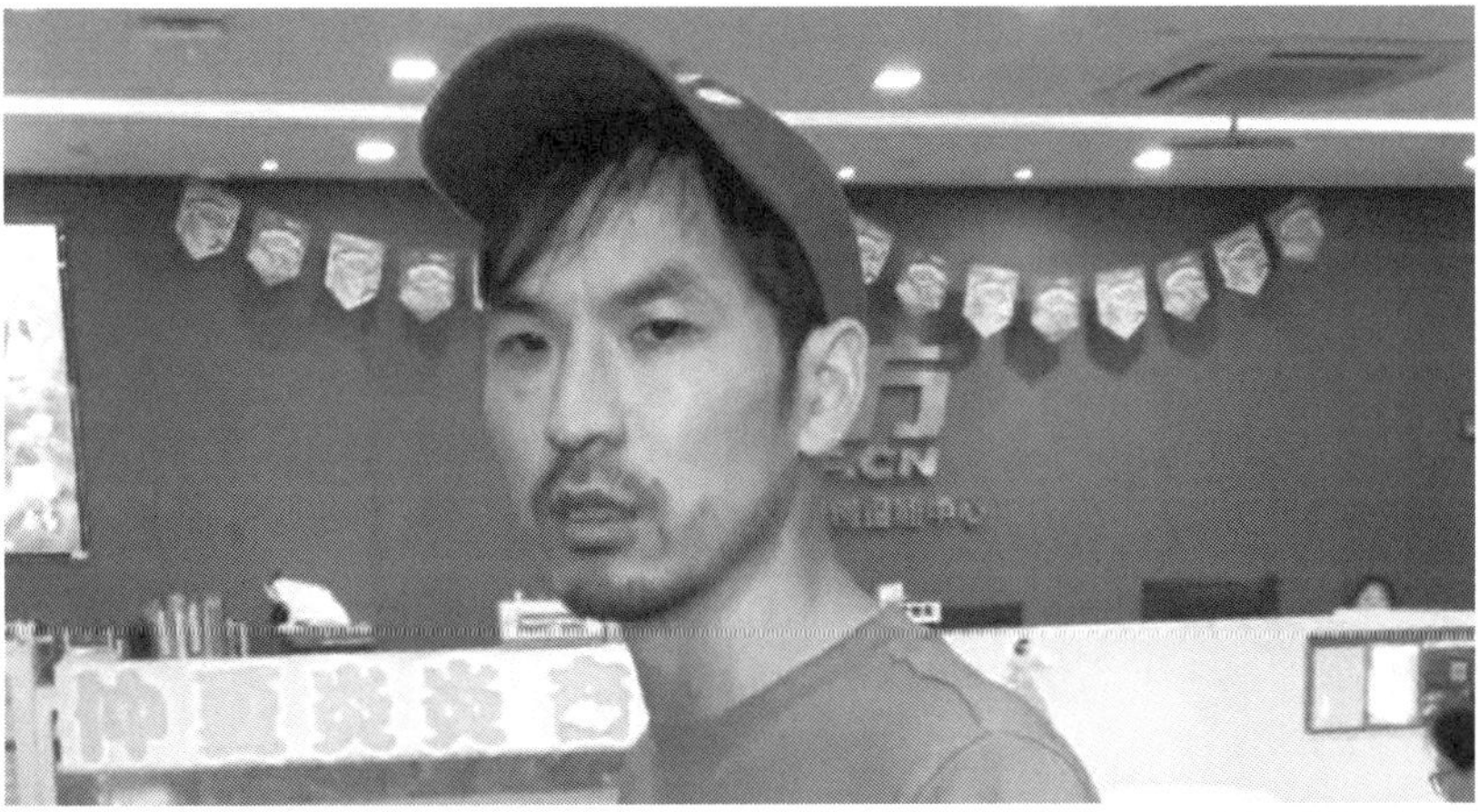

2024年５月の靖国神社落書き犯・董光明　　出典：中国のネット

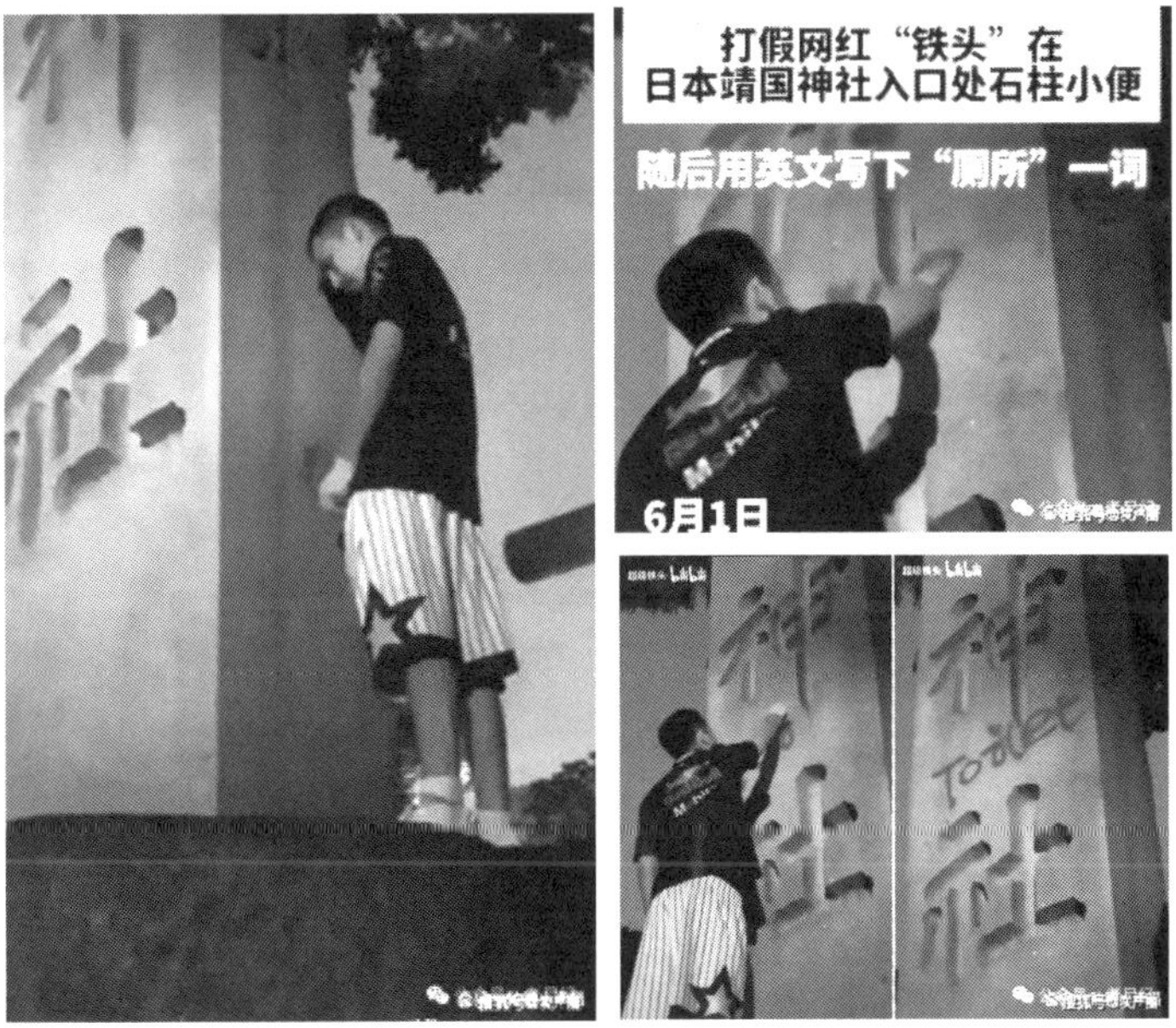

出典：中国のネット（ビリビリ）

ただし具体的な文書の検索や閲覧は、中国での「携帯番号、身分証明書、実名、顔認証」の入力など、多くの手続きが必要となる。そこで筆者はやむを得ず中国に帰国した昔の教え子に頼んで、董光明に関する判決文を探し出してもらった。

その結果得た情報を、以下にご披露する。

２０１５年11月７日に湖南省郴州《ちんしゅう》市中級人民法院は「刑事判決文」として、図表１-２に示したような「董光明、賭博場開設と不法拘禁事件の二審刑事裁定書」を発布した。

図表１-２に書いてあるのは、おおむね以下のような内容だ。

——控訴人（第一審被告人）董光明、男、漢族、浙江省岱山《だいざん》県出身、大専卒業、無職。２０１４年４月20日に、賭場開設罪の容疑で刑事拘留され、同年５月16日に保釈された。２０１４年11月21日に監禁罪の容疑で刑事拘留され、同年12月26日に保釈されたが、２０１５年１月26日に逮捕された。現在は郴州市拘置所に拘留されている。

第一審被告人王強、男、漢族、湖北省崇陽《すうよう》県出身、高校卒業、無職。２０１３年10月30日に、賭場開設罪の容疑で刑事拘留され、同年11月26日に保釈されたが、２０１５年１月26日に逮捕され、２０１５年４月27日に保釈された。

判決文全文の概要

ただし図表１-２に示したのは判決文の冒頭部分に過ぎず、判決文の全文は非常に長い。し

図表1-1　「中国裁判文書網」のトップページ

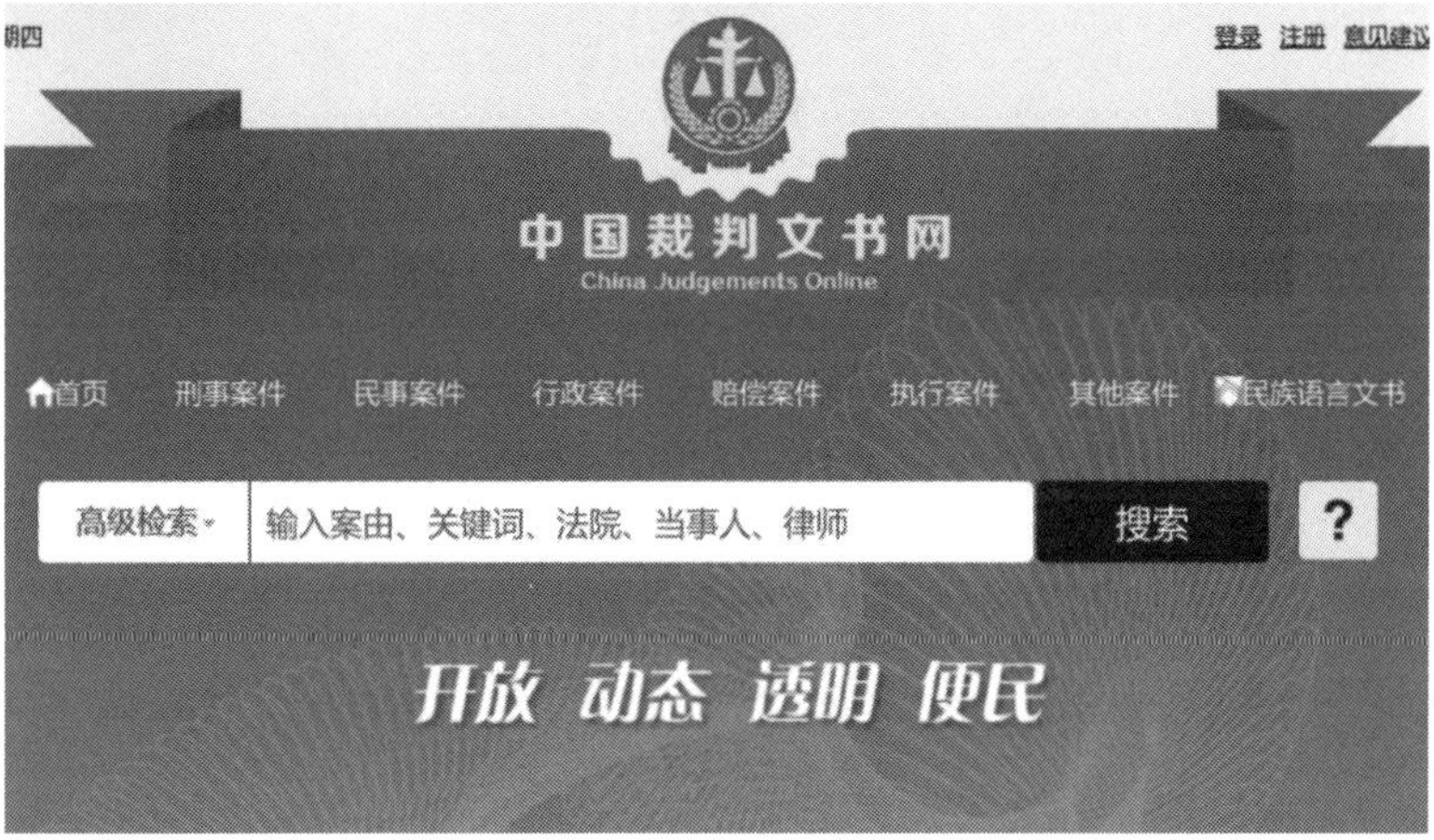

出典：中国裁判文書網

図表1-2　2015年11月7日に董光明に下した刑事判決文

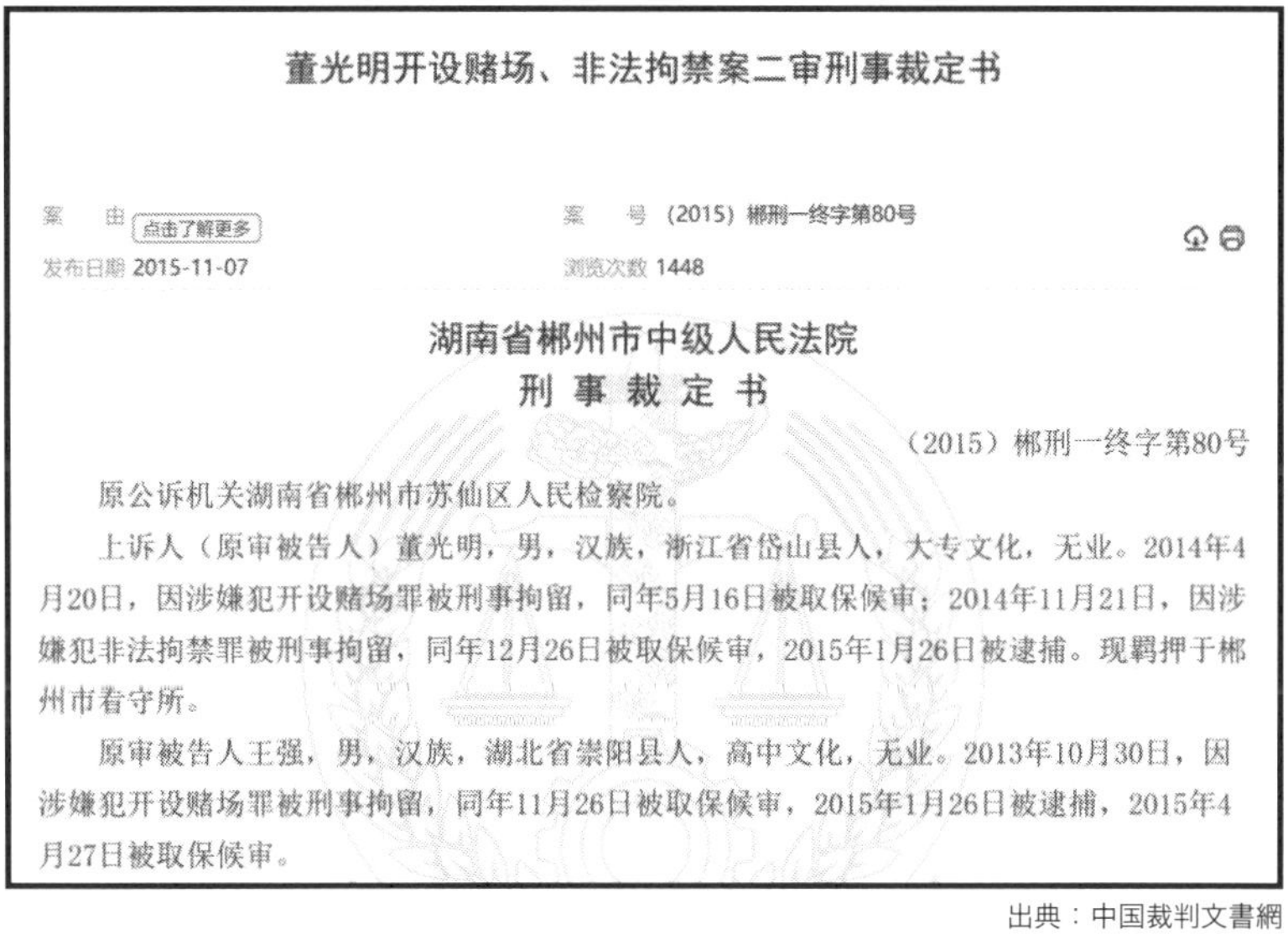

董光明开设赌场、非法拘禁案二审刑事裁定书

案　由 点击了解更多　　案　号 (2015) 郴刑一终字第80号

发布日期 2015-11-07　　浏览次数 1448

湖南省郴州市中级人民法院

刑 事 裁 定 书

（2015）郴刑一终字第80号

原公诉机关湖南省郴州市苏仙区人民检察院。

上诉人（原审被告人）董光明，男，汉族，浙江省岱山县人，大专文化，无业。2014年4月20日，因涉嫌犯开设赌场罪被刑事拘留，同年5月16日被取保候审；2014年11月21日，因涉嫌犯非法拘禁罪被刑事拘留，同年12月26日被取保候审，2015年1月26日被逮捕。现羁押于郴州市看守所。

原审被告人王强，男，汉族，湖北省崇阳县人，高中文化，无业。2013年10月30日，因涉嫌犯开设赌场罪被刑事拘留，同年11月26日被取保候审，2015年1月26日被逮捕，2015年4月27日被取保候审。

出典：中国裁判文書網

かし、日本のビザ発給や入国審査がいかに甘く杜撰《ずさん》であるかを認識していただくために、判決文の全文の概略をご紹介したい。

判決文は大きく分けると、「一、賭博場を開設した犯罪事実」と「二、不法拘禁の犯罪事実」の二つに分かれている。それぞれに関して概略を示す。

一、賭博場を開設した犯罪事実

2013年6月と7月に、被告人・董光明と王強は、共同で投資してインターネットを利用した賭博場を開設することに合意した。その後、被告の董光明と王強は、テンセントが提供・運営するインスタント・メッセンジャーソフトQQを利用してインターネット上に「六六低調群」という名のQQグループを設立し、王某・邹某・程某（いずれも別件で処理）およびその他のスタッフを雇って、賭け金の受付や集計などをやらせた。

2013年7月から8月にかけて、李某・陳甲・陳乙・戴某らを組織して「六六低調群」に参加させ、被告人・董光明と王強は上記の人々と「闘牛」形式の賭博行為を行った。賭博では、董光明・王強は、李某・陳甲・陳乙・戴某らから総額310万元（約4900万円）の賭け金を受け取り、70万元（約1100万円）の不法利益を得た。被告人・董光明と王強はそれぞれ30万元（約470万円）と40万元（約630万円）を受け取った。

2014年2月、「六六低調群」が公安機関によって封鎖された後、被告人・董光明はQQを利用して「九楽牛牛群」と「九楽炉子群」を登録し、継続して賭博場を開設した。

2014年2月から4月にかけて、他のギャンブラーを誘い込み、「闘牛」などの方法で賭博を続け、計29万元（約450万円）の賭け金を不正に受け取った。

二、不法拘禁の犯罪事実

２０１４年9月、被告人・董光明は、賭博場開設の合弁事業中に何度も被告人・王強に債務を返すよう要求したが失敗した。その後、友人の「風拐《ふうかい》」（別件で処理）と食事中にその件を伝えた。すると友人「風拐」は被告人・董光明氏に、王強がお金を返さない場合は、王強をある場所に連れて行き、殴打などの方法を使ってお金を返済させることもできると述べた。

同年9月28日午前12時頃、被告人・董光明は王強と食事を共にする約束を取り付けたあと、「風拐」に電話して手伝うよう求めた。その後、「風拐」は被告人・董光明と王強を桂陽《けいよう》県のホテルまで車で送った。被告人・董光明はホテルの個室で王強に借金を返せと追及し、両者の間で争いが起きた。その後、「風拐」らはホテルの個室に突入し、被害者・王強を殴打し、借金の返済を強要し、ホテルから出ることを許さなかった。

同日17時頃、被害者・王強が友人に頼んで「風拐」が指定した銀行口座に3万元（約50万円）を送金した後、被告人・董光明、「風拐」らは、武漢広州高速鉄道の郴州西駅で王強を解放した。

董光明被告減刑保釈

２０１６年12月27日、湖南省郴州市中級人民法院は被告人・董光明に対する減刑「刑事判決文」を公布した。それを図表1-3として示す。

図表1−3に書いてあるのは、おおむね以下のような内容である。

——犯罪人・董光明、男、1987年12月1日生まれ、漢族、大専卒業、浙江省岱山県出身。現在、湖南省桂陽監獄で服役中。

湖南省郴州市蘇仙《そせん》区人民法院は、2015年4月23日に（2015）郴蘇刑初字第33号刑事判決を下し、董光明を賭場開設罪および違法拘禁罪で懲役3年6か月と罰金4万元（約78万円）（すでに執行済み）に処した。また、不正所得30万元（約470万円）を追徴し、そのうち2万8402元（約47万円）がすでに執行されている。董光明はこの判決に不服を申し立てたが、本院（本裁判所）は2015年6月5日に（2014）郴刑一終字第80号刑事裁定を下し、上訴を棄却し、原判決を維持した。判決が法的に確定した後、刑の執行が開始され、刑期は2015年1月26日から2018年5月23日までとなっている。

執行機関・湖南省桂陽監獄は、2016年12月13日に減刑の建議書を提出し、犯罪人・董光明に1年の懲役減刑を求める。（以上）

判決文は非常に長いので省略するが、最後のほうに「服役中の態度良好につき、刑期を2017年5月23日まで短縮した」旨のことが書いてある。

アカウント名「鉄頭勧善懲悪」での動画配信

董光明の名前が再び中国のネットを賑わせたのは2023年3月からだ。

図表1-3　2016年12月27日に公布された被告人・董光明に対する減刑「刑事判決文」

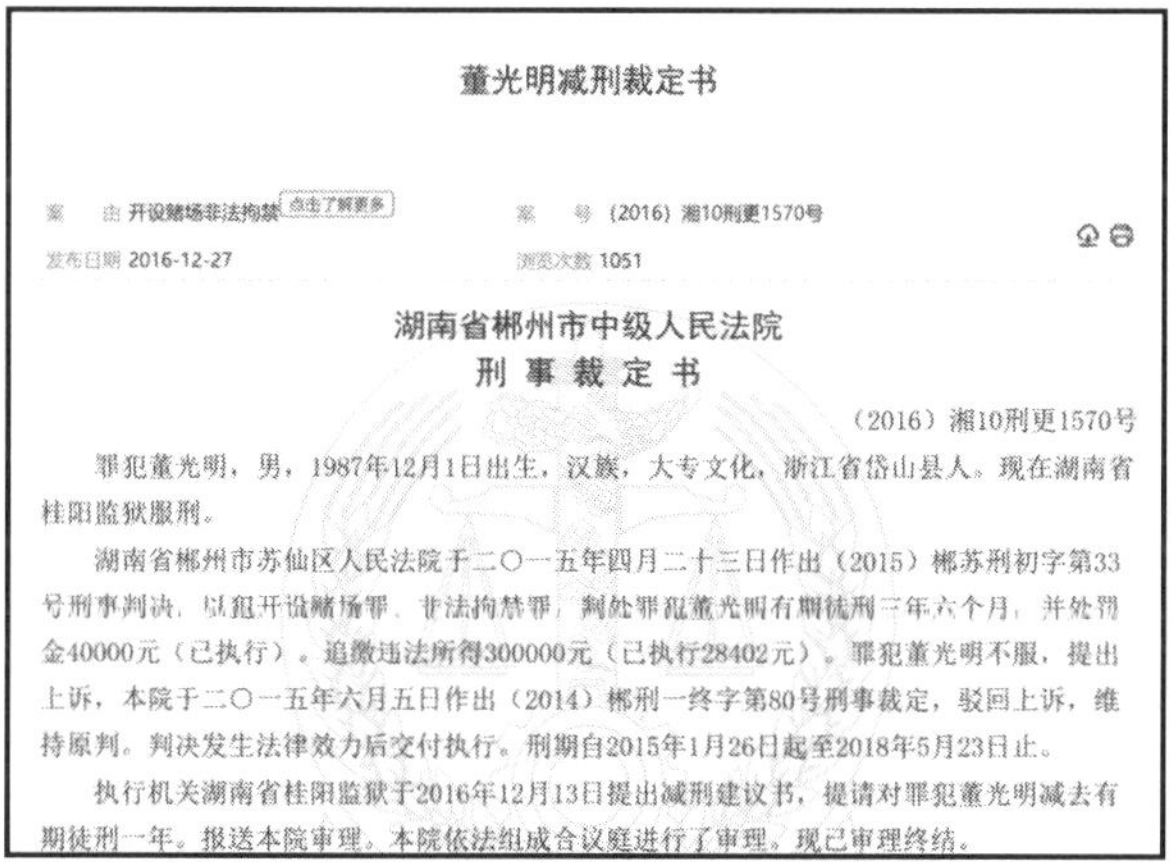

董光明减刑裁定书

案　由 开设赌场非法拘禁 点击了解更多　　案　号 (2016) 湘10刑更1570号

发布日期 2016-12-27　　浏览次数 1051

湖南省郴州市中级人民法院

刑 事 裁 定 书

（2016）湘10刑更1570号

罪犯董光明，男，1987年12月1日出生，汉族，大专文化，浙江省岱山县人。现在湖南省桂阳监狱服刑。

湖南省郴州市苏仙区人民法院于二〇一五年四月二十三日作出（2015）郴苏刑初字第33号刑事判决，以犯开设赌场罪、非法拘禁罪，判处罪犯董光明有期徒刑三年六个月，并处罚金40000元（已执行）。追缴违法所得300000元（已执行28402元）。罪犯董光明不服，提出上诉，本院于二〇一五年六月五日作出（2014）郴刑一终字第80号刑事裁定，驳回上诉，维持原判。判决发生法律效力后交付执行。刑期自2015年1月26日起至2018年5月23日止。

执行机关湖南省桂阳监狱于2016年12月13日提出减刑建议书，提请对罪犯董光明减去有期徒刑一年。报送本院审理。本院依法组成合议庭进行了审理。现已审理终结。

出典：中国裁判文書網

「鉄頭勧善懲悪」というアカウントでネット動画を配信したが、再び詐欺まがいの事件を重ね、２０２４年２月にはすべてのアカウントが凍結された。それでもなお今年５月には他の恐喝事件により大金をせしめ、直後に日本入国している。中国のネット民に喜ばれそうな落書き場面を動画配信し、さらに金儲けをしようというのが目的だった。

中国のネットでは動画を配信してアクセス数を稼ぐだけでなく、さらなる金儲けの仕組みができあがっている。

まずアクセス数（動画再生数）によって一定のお金が入ってくるが、配信者は自分が「網《ワン》紅《ホーン》」（ネットでの人気者）になって、どこかの企業がＣＭをオファーしてくれるのを待っている。

オファーが来ると企業からお金が入り、やがてはその企業の製品をネットを通して販売することもできるようになる。ここまで行けば大成功だ。そのために何に注目し、何をテーマとして動画を配信していけばいいかを、少なからぬユーチューバーは常に探している。

では、落書き犯はアカウント名「鉄頭勧善懲悪」で何をやっていたのだろうか？

中国のネットでは、董光明に関する情報は非常に多く、たとえば２０２３年8月23日時点ですでに〈网红铁头，终于为自己的〝黑历史〟和〝急功近利〟付出了代价（網紅鉄頭、遂に自分の「暗い歴史」と「手っ取り早い成功への焦り」の代償を払うべきときが来た）〉という情報が流れている。その冒頭にはおおむね以下のようなことが書いてある。

――最近、これまであまり知られていなかった網紅が突如登場し、大きな話題を呼んでいる。網紅「鉄头惩恶扬善（鉄頭勧善懲悪）」（以後、鉄頭）は特定の動画プラットフォームで３２７万人のファンを抱えており、主なコンテンツには、「三亜海鮮市場《いちば》の重量偽造の取り締まり」、「美容院の調査」、「スーパーマーケットの宝石・金・翡翠詐欺事件」……などなどがある。特に今月初めの杭州新東方に関する行動により彼の人気は高まったが、まさにその事件こそが鉄頭の落ち目の始まりでもあった。（記事の冒頭紹介はここまで）

では具体的に何が起きたのか、二つの事件に関して説明したい。

●２０２３年7月4日に起きた**三亜海鮮市場事件**。海南省三亜市の海鮮市場において秤で重さを測るときに重さを多めに言って、その分だけ客から金を巻き上げる「商品　重量偽造」を鉄頭は暴露し、市場側を脅して、販売業者に罰金を科すべきと強く主張した。市当局が調査した結果、たしかに秤に仕掛けがあったのを発見し、30万人民元（６００万円）の罰金が科せられた。この動画を配信することによって鉄頭はファン数を増やすことに成功した。

●2023年8月4日から7日にかけて、杭州市の塾業界最大手の「新東方」が規則に違反して**塾の補習**をやっていることを鉄頭は暴露し通報した動画を発表した。最終的に杭州新東方が閉鎖に追い込まれ、罰金15万人民元（300万円）を市当局に支払うことになったが、これが鉄頭の落ち目の始まりとなった。というのは塾に通う子どもたちの保護者たちがクレームを表明し始めたからだ。共働きの親などは子どもを預けるという目的もあって塾に通わせていたのに、その塾がなくなるのは困るとか、塾がなくなると家庭教師を雇うしかなく、かえって出費がかさむなど、さまざまなクレームがネットにあふれた。

一方、鉄頭はネットの人気者「網紅」になったので、いよいよ次の段階に入り新疆《しんきょう》ウイグル自治区のナッツなどの製品をネットで販売することになった。すると、新東方に子どもを通わせていた保護者たちが、新疆ウイグル自治区の商店に一斉に数多くのクレームを出し、「こんなヤツ（鉄頭）と合作するなら、お前の店の物は絶対に買わないようにネットで大々的に宣伝してやる」と責めたて始めたのだ。当然、ウイグル自治区の商店は鉄頭との提携を断った。

これにより鉄頭のファン数は減っていったので、人気を取り戻そうと焦って、つぎつぎときわどいテーマの動画を配信するようになった。ついには自身の猥褻な風俗歴を暴露してアクセス数を稼ごうとした。これが決定打となり、2024年2月には、あらゆるプラットフォームにおける「鉄頭勧善懲悪」のアカウントが封鎖凍結されるに至ったのである。（二つの事例は以上）

万策尽きた董光明は2024年5月に詐欺と恐喝により、ある企業から大金を巻き上げ、その直後に日本に上陸した次第だ。

日本政府の怠慢

日本の外務省や法務省はいったい何をやっているのか?

一般に中国大陸にいる中国人が日本に旅行したいと思うときには、現地の旅行会社やビザセンターなどの代理申請機関にパスポートを渡し、日本に行くための申請書を提出する。代理申請機関はそれらを揃えて中国にある大使館や総領事館などに提出する。

領事館などはビザ発給に当たり「適切か否かなどを審査して」、ビザ発給の可否を判断する(はずだ)。

この「審査」の段階で、どれだけの審査をしているのかを外務省の担当部局に直接電話して確認してみた。

すると、「当然、一定のルールに従って審査します」という回答が戻ってきた。「一定のルールとは?」と聞くと、「申請書に書いてある内容に関してチェックする」とのこと。

押し問答になる気配があったので、ストレートに「申請者に犯罪歴があるか否かなどに関するチェックはどうしておられるのですか?」と聞いてみた。それに対する担当者と筆者との問答を記す。

担当者 お宅様、ご存じかどうかわかりませんが、申請書の2枚目に犯罪歴があるか否かをチエックする欄がありますね。そこに書いてある「ナシ」にチェックマークがあれば、一応ないものと判断するしかありません。

筆　者　いや、それはないでしょ。犯罪者が「私には犯罪歴があります」と申請書に書いたりしますか？　書くわけないのではないでしょうか？

担当者　いや、そうとは限りません。そこは人によりますから。

筆　者　人によるって、犯罪歴は自己申告なんですか？

担当者　一応、申請書に書いてある内容に基づいて……。

筆　者　審査官が自ら調べることはしないのですか？

担当者　そういうこともありませんが……。

筆　者　では申し上げますが、今年5月に靖国神社に落書きした中国人がいましたよね？

担当者　ああ、そんな話があったような気がします。

筆　者　その人には犯罪歴があったのですよ。ご存じでしたか？

担当者　申し訳ありませんが、お宅様にはかなり時間を使っています。これ以上は時間の関係上……。

筆　者　それは申し訳ないと思いますが、そんな人を日本に入国させているんですよ。

担当者　いえ、私どもはビザを発給するだけで、入国審査は入管ですから。

筆　者　入国審査って、空港での一瞬のチェックだけではないですか。

担当者　しかし「入国」をさせているのは法務省入管で、私どもはビザの発給のみを担当していますので。

筆　者　ビザ発給の可否に関して審査するのではないんですか？

担当者　それはしますが、ともかくルールは先ほど申し上げたとおりで、それ以上のものはありません。この電話、相当な時間を取っていますので……。

電話はそこで切れた。

あれだけの大事件に関して「そんな話があったような気がします」程度にしか認識しておらず、それを悪かったなど微塵も考えておらず、職務怠慢であるなどとは、思ってもいないことが、少なくともわかった。

そこで、今度は法務省の入国管理業務担当に電話して聞いてみた。

すると、「審査は外務省さんのほうでしているはずで、問題がないからこそビザを発給していると認識しています。特別の追加情報でもあれば、当然、緊急の入国拒否をすることは可能ですが、何日もかけてビザ発給可否の審査をした上でビザを発給しているはずですから、それをゼロから空港のあの出入国の窓口で、一瞬で調べるなどということはあり得ない話ではないでしょうか」とのこと。

そうかもしれない。

となると、短期の旅行などに関するビザを発給する際の「審査」が体《てい》を成してないことになる。

そう言えば、外務省の担当者を取材する中で、「ひょっとして、インバウンド消費のために、一人でも多く入国させようとなさっているというようなことはないですよね？」ということも聞いた。すると相手は「いやぁー、それは……」と言葉を濁して逃げてしまった。

こんなことでいいのだろうか？

これでは日本は犯罪者天国になってしまう。

8月19日に現れた靖国神社落書きの模倣犯

案の定、模倣犯が現れた。

董光明が拘束されたことが発表されたのは２０２４年の8月27日なので、それ以前の8月19日では、まだ董光明に対する英雄視した視点があったものと推測される。

8月19日未明、10代と言われている中国人の男が、董光明が落書きしたのとまったく同じ靖国神社の石柱に中国語簡体字で「厕所」（トイレ）、「狗」（犬）、「屎」（糞便）、「军国主义 去死」（軍国主義、死ね）などの落書きをしたのである。

董光明がtoilet（トイレ）と落書きしたことを考えると、トイレの中国語「厕所」という文字をまず書いたことは、完全な模倣犯であるということを物語る。

この男は数名の友人とともに、終戦記念日8月15日前後に日本に上陸し、新宿区のホテルに泊まり、19日未明に一人で靖国神社に行き落書きをしているようで、動画撮影はしていない。まだ10代でお金を稼ぐ目的はなく、ただ自分のチャット・グループに「ほら、凄いだろ」と自慢したかったらしいことが、その後のグループにおける会話からうかがい知ることができる。

落書き犯のチャットの記録画面が中国のネットにいくつかあるので、その中の一つをスクリーンショットしたものを図表1-4に示す。これは「李老师不是你老师」（李老師はあなたの老師ではない）のX（元ツイッター）に投稿されたものだが、それによれば、どうやら模倣犯の名前は「傳国峰」のようだ。傳国峰はチャットで、

クソッタレの靖国神社
人生でもっとも叶えたかった願望を叶えたぜ
これでもう、死んでも心残りはない

などと書いている。

これに対して仲間が「凄いじゃない！」、「よくやった！」、「これでこそ中華民族の子だ！」などとあちこちで絶賛している。

ところで、この「李老师不是你老师」というアカウント名の人物は、中国大陸の「百度百科」（日本のウィキペディアに近いサイト）では、「网络汉奸（網絡漢奸）」（ネット売国奴）と説明されていて、本名は「李颖（穎《えい》）」（Li Ying）というらしい。1992年に安徽省で生まれた漢民族で、さまざまな事情により現在はイタリアで美術学校に通っているとのこと。中国から見ると「中国の悪口ばかり書いている」すなわち「嘘でたらめを書いているネット売国奴」となるようだ。それを言い始めたら、中国からアメリカや日本に亡命した民主活動家で、ネットで中国の批判を発表している者はみな「ネット売国奴」になってしまう。中国政府が国家として

図表1-4　模倣犯と思しき者のチャット・グループとの会話の一部

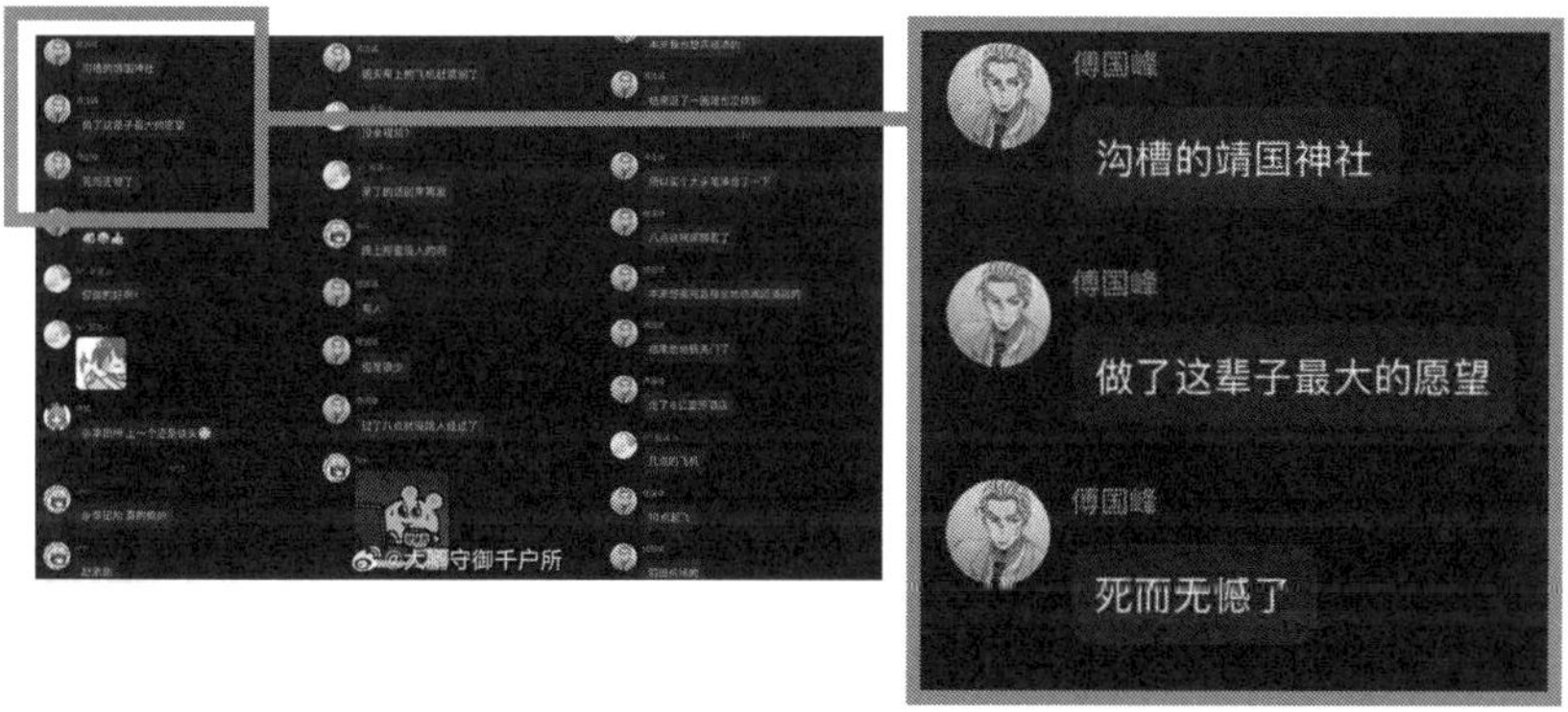

出典：「李老师不是你老师」のX（元ツイッター）

「まったくのフェイクニュースを流している者」と断定したのなら、関連情報を完全に削除すればいいのだが、そうはしていないところを見ると、「売国奴」の程度もその程度なのだろう。

しかし疑わしいまま使うのもよろしくないので、「疑わしさの程度」を探るべくあれこれ努力した結果、その昔台湾に戻った、大事にしていた教え子がいるので、知らないかと連絡してみた。すると、なんとその教え子の後輩がこのチャット・グループと接触があるというではないか。ありがたい！　教え子が言うには、後輩が知り得たチャット記録と同じなので、少なくともこの件に関する「李老师不是你老师」の情報は信じていいのではないかと返事が来た。

その後、ＢＢＣの記者Tessa Wong氏が２０２４年６月10日に李穎を取材して、李穎が「中国大陸内では発表できないような出来事を大陸内のネット民が李穎に知らせてきて、Ｘで発表してくれと頼んでくるので、世界に向けてXで公開している」と回答しているのを知った。

さらに調べてみたところ、中国語のウィキペディアにも載っていて、ＢＢＣだけでなく、ウォールストリート・ジャーナルやニューヨークタイムズあるいはドイッチェ・ヴェーレ（ドイツの波）など数多くのメディアからの取材も受けていることがわかった。祖父が国民党側の医者をしていたことなどもあり、台湾の教え子が知っていたことなども納得できた。

であるならば、反体制派の情報として転載してもいいだろう。李穎（李老师不是你老师）が貼り付けている図表1-5もご紹介しておこう。

図表1-5 靖国神社落書き犯に関するX（元ツイッター）

出典：「李老师不是你老师」のX（元ツイッター）

もしこれが確実な情報であるなら、図表1-5の左上にある人物が犯人だということになる。

8月19日の模倣犯の姿は日本側の防犯カメラに収まっているとのことなので、もし日本の政府や警察などが本気になれば、すぐにも拘束できたはずだ。それなのに日本側は追跡するようなこともせず、空港との連係プレーで出国を止めることもせず、犯人はその日のうちに羽田空港からやすやすと出国してしまった。

中国に戻ってしまったら無罪放免。くり返すが、中国と日本の間には「犯罪人引渡し条約」が締結されていないからだ。

入国の際のチェックもしなければ、防犯カメラで犯人が特定されているのに、帰国させまいとする努力もしないのが日本という国家なのである。

犯罪者天国そのものだ。

こんなことで、中国に舐められないような将来が日本に来るわけがない。

最後にもう一つ、李穎（李老师不是你老师）は9月13日、広東省深圳市の一般の小学生たちの様子を動画で発信している。

戦時中ではあるまいし、嘘だろうと思われる方はhttps://x.com/whyyoutouzhele/status/1834911715185901936を入力してみて、ご覧いただきたい。

その動画は、深圳市にある一般の（中国人の）小学校で、反日感情の育成として、生徒たちに日本の国旗を踏みつけさせる教育をしている現場を撮影したものだろう（子どもたちの音声は中国語である）。おそらく深圳市の反日分子がイタリアにいる李穎に送信してきたものと思われる。

その動画のスクリーンショットを図表1-6として貼り付ける。

図表1-6　深圳の小学校で生徒に日の丸を踏みつけさせている

出典：李穎（李老师不是你老师）

「三つ子の魂百まで」と言うが、このように「楽しく」体感的に覚えさせせられた感覚は、生涯抜けきれるものではない。いつか中国が民主化したときに、その発露はどこに向かっていくのかと空恐ろしくなる。

それにしても深圳市の日本人学校で事件が発生したのは、その5日後の9月18日だ。すでにそれ以前に「反日行動」に出る予兆というか雰囲気があったのかもしれない。

第二章

NHKラジオ国際放送「報道テロ」

「報道テロ」は反日感情の同調圧力からの保身か？

さらに驚くべきは、この模倣犯事件を伝えた8月19日午後のＮＨＫラジオ国際放送の中国語ニュースで、中国籍の40代の外部スタッフが原稿にはない発言をしたことだ。

たとえば、中国語で「釣魚島（尖閣諸島）は中国の領土である」とか、落書きニュースで原稿にはなかった「軍国主義、死ね」などの言葉を加えて伝えた上、英語で「南京大虐殺を忘れるな」、「慰安婦問題を忘れるな」および「７３１部隊を忘れるな」などと叫んだという。

非常に多くの中国や日本の情報を基にすると、本人と思われる人の名は「胡越《こえつ》」と称するようで、年齢は48歳。香港の鳳凰（フェニックス）網で特約記者も担当していたらしい。特約なので、ＮＨＫの外部スタッフを勤めながら掛け持ちで鳳凰網の記者も兼ねていたものと思う。

鳳凰網は鳳凰衛視（ＢＳ）の電子版で、香港すなわち「中華人民共和国香港特別行政区」にあるので、当然のことながら中国政府の管轄下にあり、かつ中共中央宣伝部の指揮下にある。

事実、鳳凰衛視の創設者・劉長楽《りゅうちょうがく》氏は２００５年3月1日から中国人民政治協商会議全国委員会の委員を務め、２０１３年からはその常務委員会の委員に任命されている。中国人民政治協商会議とは、日本の国会に近い役割をしている全国人民代表大会（全人代）とともに「両会」と呼ばれる中国政府の最高機関の一つだ。その常務委員なのだから、言うまでもなく中国政府あるいは中国共産党の意思決定に従う。

そのようなメディアの特約記者を兼任しながら、一方では日本国の立場に立っている（日本

図表2-1　NHK中国人スタッフだった人と思われる「胡越」

出典：鳳凰網のWeibo

の総務省の管轄下にある）公共放送であるＮＨＫの外部スタッフとして22年間も働いていたということ自体、立場的、思想的に大きな矛盾を抱えていたはずだ。

図表２-１に示すのは、その鳳凰網で２０２４年１月３日に羽田空港の地上衝突事故を報道する動画のスクリーンショットである。中国のネットでは普通に公開されているものなので、その画面を貼り付けるのは合法だろうと思われる。

事件が起きたのは8月19日。

事件発覚後、ＮＨＫもしくは日本政府がすぐに動いたならば、この中国人スタッフを何らかの形で拘束もしくは出国停止することなどはできたはずだ。たとえば「事件が解決するまで、パスポートを一時的に預かる」ということなどは簡単にできる措置ではないか。

しかしＮＨＫも日本政府も警察も、このよ

うな「絶対にあってはならないこと」が起きたにもかかわらず、何もしていない！

だから「胡越」という名と思われる元ＮＨＫ中国人外部スタッフは、やすやすと出国したらしく、8月26日、中国のＳＮＳの一つであるウェイボー（Weibo、微博）から発信している。アカウント名は「树语treetalk」。「树语」というのは、「樹語」の簡体字である。

不可解なのは、そこには「前ＮＨＫ中国籍员工」（元ＮＨＫ中国籍スタッフ）と書いてあることだ。まちがいなく「胡越」のアカウントだとわかるが、この「自分の身分を自ら暴露した」ことに、「反日の闇」を解くカギが潜んでいるように思われる。

ひょっとしたら、「敵国」日本のために「中国から見たら日本に有利な情報」を報道し続けていると、やがて「売国奴」と罵られるようになって永遠に中国に帰国できなくなるかもしれない。こんな恐怖を抱いたのではないかと解釈できなくもないのだ。中国にいる親や親戚などが不利益を被るのを避けようと考えた可能性もある。そのため中国人の「反日感情」にもっとも歓迎される形で「日本を侮辱した」。それは一種の免罪符で、案の定、中国のネットでは彼は勇敢なる中華民族として高く評価されている。

だから彼はウェイボーで敢えて**「元ＮＨＫ報道スタッフ」**と書いたのではないだろうか。「その人物は売国奴ではありません」ということをネット民に知ってもらうために。それは第三章で述べるように、江沢民《こうたくみん》が「自分は日本の傀儡《かいらい》政権の血筋を引いていない。だからこんなにまで反日だ」ということを中国人民に知らせるために激しい反日教育を実施し始めたのと同じ構図だ。中国人は「自分がいかに反日であるか」を示すことによって「保身」をしているこ

図表2-2 NHKラジオ国際放送中国人元外部スタッフのウェイボー

出典：中国のネット

とになる。

だとすれば、一連の事件は「中国の反日感情の闇の深さ」と「自縛」を浮き彫りにした事件であると読み解くこともできる。

では、実際に「胡越」がウェイボーの第一信で何を書いたかを見てみよう。彼は以下のように書いている。

> 归零，归来，平安，勿念（ゼロに戻った、帰ってきた、平安だ、心配すること勿れ）。
> 22年，22秒（22年間、22秒間）。
> 相信冥冥之中，有种力量（どこかに必ず、ある種の力が宿っていると信じている）。
> 不回应，一切都已浓缩在22秒（返答せず、全てはすでに22秒間に濃縮した）、
> 包括所有的真实和真相（あらゆる真実と真相を含めて）、
> 过去，现在，乃至未来（過去、現在、そして

未来)。

既然选择挺身而出（前に進むことを選択した以上）、
就必定坦然面对（冷静に向き合わねばならない）。

NHKで22年間働いてきたことと、報道テロ時間が「22秒間」であったという語呂合わせのようにして強調しているが、よほど「22年間も、外部スタッフとはいえNHKで働いてきたことにこだわっている」のだろう。

8月29日になると「胡越」は「树语treetalk」で、「多くの網友（ネットにおける友人＝応援してくれるネット民）に感謝する。心が温まる」と書き、「現在の日本のメディアは歴史の真実を隠蔽している」などと書いている。

8月30日午前11時24分に「胡越」は「树语treetalk」で、「日本は上から下まで、隠そうとすればするほどボロが出るような喧騒と狂乱の中にあるが、それは想定内のことだ」と、まず書いている。ここで「胡越」は「欲盖弥彰」という四字熟語を使っている。「悪事は隠そうとすればするほど露呈しやすい（隠すより現るるはなし）」という意味だ。

この四字熟語は、２０２０年7月にヒューストンの中国総領事館が閉鎖された一件を想起させた。このときも中国の外交部は「做贼心虚、欲盖弥彰」（アメリカは悪事の露見をおそれてビクビクしているんだろうが、それを隠そうとすればするほどボロが出る）という言葉を用いてアメリカを非難した（と、中国の中央テレビ局ＣＣＴＶが報道した）。

「胡越」はジャーナリストなので、中国外交部の発言および中共中央宣伝部が管轄するCCTVの報道をしっかり把握していることだろう。だから敢《あ》えて、その中共中央と同じ言葉を使ったものと思う。ということは、同じ思想的立場にある人間が公共放送NHKの外部スタッフとして22年間も仕事をしてきたのかと、ふと、そのことに背筋の寒くなる思いがよぎった。

「胡越」はさらに「(日本は)すでに歴史の真相に敵対する歴史修正主義という戻れない道を選んだのだから、公義を主張する個人の声を圧殺するしかない。**私が声を発しなかったとしても、声を発する他の人が必ず現れるだろう**。事実は非常に簡単なことだ」と書いている。

これはすなわち、**「第二、第三の自分が必ず現れるだろう」**ということを示唆したものであり、日本には「第二、第三の胡越」どころか、数えきれないほどの隊列が潜んでいると覚悟したほうがいい。

8月30日15時35分、「胡越」は「树语treetalk」で、以下のように「自分が原稿にない内容の報道をしたことの正当性」を主張している。

――報道の操守《そうしゅ》(節操、規範。信念を固く守って心変わりしないこと)や職業倫理に違反するか否かに関しては、以下の点が参考になる:

(1) 生放送では、台本から脱線することはよくあることだ。番組によっては、脱線の自由度も自ずと違ってくる。台本から脱線することは、直接的にはニュース報道の操守に違反したことを意味するものではない。

(2)　脱線した報道の内容こそがカギだ。契約書に放送内容に関する取り決めがあるだろうか？　一般的な契約書には、公序良俗や社会正義などに違反してはならないという報道のガイドラインが引用される。この「22秒間」をあなたは「違反」だと思うのだろうか？

(3)　(契約者の)甲と乙の間で内容に異議がある場合、それは契約上の紛争であって、報道操守とはいかなる関係もない。原稿にない言葉を発するという原稿脱線は、報道操守と社会正義を守っている(その範囲内だ)という例は、どこにでもあることだ(以上)。

すなわち「胡越」は、あの「報道テロ」のような事件を「合法的な行為」として正当化しているのである。このような理屈を展開するようでは、中国のメディアも警戒するかもしれない。

ＮＨＫの稲葉会長は8月22日、「副会長をトップとする検討体制を設けて、可能な限り原因究明を行う」とした上で、今後「損害賠償請求を行い、刑事告訴を検討する」という趣旨のことを言っている。だが、そのためには「胡越」本人が日本にいなければならない。日中の間には「犯罪人引渡し条約」がないからだ。だというのに、追及を可能にする実動的な措置を何も取っていない。

本気で原因究明を行い、刑事訴訟にまで持って行くつもりなら、たとえば「胡越」が日本を離れられないように、せめて「事件の究明が終わるまでパスポートを一時的に預かる」くらいのことはしていいはずだ。しかし、まるで「スムーズにお帰り頂くための準備をしてあげた」かのように何もしなかった。だから「胡越」は8月26日には、いかなる妨害を受けることもなくスムーズに帰国してウェイボーで発信を始めたわけだ。

「第二、第三の胡越」が出てくる危険性を秘めている在日中国人の現状

日本の国立大学（法人）をはじめ公立大学や大手の私立大学にも、「中国人留学生学友会」というのがあり、会長は必ず日本にある中国大使館教育処に留学生の活動状況を報告しなければならないシステムができ上がっている。つまり、日本に留学している日本政府の国費留学生や中国政府派遣留学生だけでなく、大手の国公私立大学における中国人留学生の言動は、基本的に中国大使館の管轄下にある。

日本には企業を経営している中国大陸から来た中国人が大勢滞在している。出入国管理統計から引用したデータによると、2023年7月時点で500万円以上の出資で2名以上の雇用を有する経営・管理ビザを持っている中国人の人数は1万5986人。日本の年末年始などにはそういった会社の社員なども集まって盛大なパーティを開く。そこには中国大使館の官員がゲストで参加することが多い。つまり中国政府、もしくは中国共産党と親しく結びついているのである。

また日本の企業で働いている大勢の中国人（主として元留学生）もいる。そのほとんどは非政治的であるものの、心の中では中国共産党を愛し肯定している者もいるだろう。

大学等で教育職に就いている中国人の中にも、中国共産党を愛し肯定している者が相当数存在する。むしろ迎合的にゲストとして彼らを呼んで、知らない間に中共中央統一戦線部のプロパガンダに与《くみ》している日本のテレビ局などさえあるくらいだ。NHKやフジテレビの一部番組

などが、その典型と言っていいだろう。もっとも、NHKは最近では控えるようになったように思うが。

念のため日本の出入国在留管理庁〈令和5年（2023年）末現在における在留外国人数について〉を調べると、2023年末の「在日中国人総数は82万1838人」となり、「留学在留資格の中国人は13万4651人」となっている。

もちろん在日中国人の多くは非政治的な立場を維持し、日本に対し融和的かつ友好的な姿勢で日々を送っている。しかしこれら巨大な母数の中で、いつ「第二、第三の胡越」が出現してもおかしくはない。

「胡越」のウェイボーに書かれているメッセージのうち「反日感情」に基づく発露は論外として、唯一正しいことを言っているのは、まさにこの「第二、第三の自分が出ても不思議ではない」という趣旨の発言だ。

しかし日本には、その警戒心が完全に欠落している。

そのことに気が付いている人は何人いるのだろうか？　いたとすれば、NHKはこのような失敗をしなかったはずだ。今回の「報道テロ」で責められるべきは「胡越」ではなく、警戒心が欠落しているNHK、もしくは日本政府であると言っても過言ではないだろう。「胡越」を帰国させてしまったNHKと日本政府の行動は、なによりも「警戒心の欠如」を如実に表していることを見逃してはならない。

9月24日、胡越が初めて正式取材を受け「報道テロ」の動機を告白

２０２４年9月24日になり、胡越が初めて中国メディアの正式な取材を受け、「報道テロ」を行った動機に関して回答している。その回答は中国共産党機関紙「人民日報」の姉妹版「環球時報」の電子版「環球網」にも転載され、中国のネットで話題を呼んだ。

取材したのは中国共産党北京市委員会の管轄下にある「北京日報」のニュースサイト「長安街知事」だ。胡越は台本にない言葉を放送したときの具体的な経過と動機を、主として以下のように語っている。

1. 実際の放送前の打ち合わせのときに、ＮＨＫの番組担当のスタッフ（上司）が、私（胡越）に「落書きのうち、『軍国主義、死ね』の部分は言わないように」と指示してきた。

2. そして実際には落書きの中にない「ＳＢ」という文字があったと強調するようにと言った。すなわち「自分に嘘の報道をしろ」と指示してきたのだ。ＮＨＫはあの落書きを、「猥褻《わいせつ》行為の発露である」と位置付けさせようとしたのである。

3. これは落書き者が日本の軍国主義化に抗議しようとした意図を捻じ曲げるもので、私は断固反対し、そんなことはできないと抗議した。

4. そのやり取りが解決しないうちに番組が始まったので、日本の侵略戦争によって犠牲を受けてきた中華民族の屈辱と、それに立ち向かって闘っている中華民族の心を表すには、もう、このタイミングしかないと咄嗟に判断し、原稿にはない言葉を放送した（以上）。

胡越の回答のうち、2に関して解説しないと、一部の読者の方には何のことだかわかりにくいと思われるので、書きたくはないが、この「SB」というのが、どういう意味なのかに触れるしかないだろう。「SB」というのは一種のネットスラングで、女性の下半身の部分を表す言葉を使いながら、相手を非常に汚く侮辱するときに使う言葉だ。中国には「お前の母親を犯してやる」といった類の、相手を汚く侮辱するための言葉が昔から数多くあり、この手の汚辱的罵倒言語が発達している国でもある。もっとストレートに「B」の意味を書けばいいのだが、筆者には書けない。ここまでの説明が限界だ。

胡越の主張は、この「SB」という文字など、第一章で述べた「落書き模倣犯」の落書きの中にはなかったのに、NHKの番組の上司が、彼に嘘をつかせてでも、「靖国神社落書きは軍国主義復興に抗議したものではなく、あくまでも中国の青年が猥褻目的で書いたものである」というトーンでニュースを報道しろと強制してきたというものだ。

そのために彼は取材された番組で図表2-3にあるような画像を用いて説明している。

これはNHKのニュース報道をスクリーンショットして、そこに胡越が中国文字で翻訳を付けたものだが、NHKはたしかに、2024年8月19日16時26分のネット記事で〈靖国神社の石柱に落書き 器物損壊事件として捜査 警視庁〉という見出しの報道をしており、そこには図表2-4のような画像と「警視庁によりますとトイレを意味する中国語に似た字のほかアルファベットでSBと書かれていたということです」という説明文がある。

図表2-3 胡越が取材で使ったNHKニュースの画像に中国語訳を付けたもの

警視庁によりますとトイレを意味する中国語に似た字のほかアルファベットで「SB」と書かれていたということです。 译文：据警视厅透露，除了与表示“厕所”的中文相似的字符外，还用字母写着“SB”。

原典：「北京日報」

図表2-4 NHKのネットニュース

警視庁によりますとトイレを意味する中国語に似た字のほかアルファベットで「SB」と書かれていたということです。

原典：NHKニュース記事

「ＳＢ」という文字はたしかに石柱にはないが、台座に書いてあると日本の複数のメディアが報じている。たとえば２０２４年8月19日10時51分の朝日新聞のネットニュースでは〈靖国神社の柱にまた落書き、黒いペンで「厠所」 器物損壊容疑で捜査〉という見出しで以下のように書いてある。

――19日午前3時50分ごろ、靖国神社（東京都千代田区）の入り口の石柱に「落書きがされている」と神社職員から１１０番通報があった。中国語でトイレを意味する「厠所」などと書かれていたといい、警視庁は器物損壊容疑で調べている。麹町署によると、落書きがされていた石柱は「靖国神社」と書かれた社号標と呼ばれるもの。柱の下部に黒いフェルトペンのようなもので、漢字で「厠所」といった、トイレを意味する中国語に似た字など複数の文字が書かれていたという。石柱の台座部分にもアルファベットで「ＳＢ」などと書かれていた（引用以上）。

また読売新聞にも同様のことが書いてあった。ただし読売の場合は「アルファベットの文字」が台座に書いてあったと、「ＳＢ」という文字を避けている。もしかしたら記者が文字の意味を知っていて、書くのを憚ったのかもしれない。

思うに落書き犯は石柱に書いた落書きだけは自分で撮影したが、台座に書いたアルファベット文字は撮影しなかったものと思う。だから中国のネットでは台座に「ＳＢ」と書いてあるという報道は見られなかった。日本で警察側が報道したときには、すでにブルーシートで覆われていたので誰もその写真を見ていない可能性がある。

しかし間違いなく台座には「ＳＢ」という文字があったと警察側が公表している。

したがって胡越の場合、報道の事前打ち合わせでＮＨＫが「ＳＢという文字があったと言えと、嘘の報道を強要してきた」という論理は成り立たない。

報道前に事前打ち合わせがあったのか否か、また「軍国主義　死ね」という落書きに関しては「言ってはならない」とＮＨＫ側が言ったのか否かは、ＮＨＫの当時の担当者に聞いてみないとわからない。「事前に報道に関する打ち合わせがあったのか否か」に関しては、ぜひともＮＨＫに確認するなどして、国会でも明確にしてほしいと一日本国民として率直に思う。

ただし、胡越は嘘をついている。

中国で「ＳＢ」に関して報道されなかったことをいいことに、実際に日本では警察側や多くの日本メディアが発表している内容に関して「なかったもの」として、「ＮＨＫが自分に嘘の報道をしろ」と強要したので、原稿にはない文言を放送するに至ったのだという弁明をしているのは、適切ではない。

ひょっとしたら、本当に知らなかったということも考えられなくはないが、だとしても胡越の動機に関する「北京日報」の取材は環球網をはじめとする中国のほとんどのメディアが転載し、すさまじい量の日本バッシングが書き込まれ拡散している。これは責任問題だ。

深圳日本人学校児童の刺殺事件がこの約一か月後に起きたことを考えると、結局のところ胡越は、反日感情に対する同調圧力の限界を、ジャーナリストらしく事前に察知したものと思う。ある意味、哀れと言えなくもない。

なお、胡越は英語で「慰安婦問題を忘れるな！」と叫んでいるが、中国で「慰安婦問題」が言い始められたのは、いつ頃からだと思っているのだろうか？

筆者が2001年に日中韓の中学生の学力調査と意識調査をしたときに、事前に中国側教員と質問事項に関する打ち合わせをしたことがある。その際、中国側は「慰安婦問題って何ですか？」と聞いてきた。韓国側は盛んに「慰安婦問題」を質問事項の中に入れるべきだと主張したが、中国では「慰安婦問題」そのものを知らなかったくらいだ。それを言い始めたのは2000年に入ってからアメリカのサンフランシスコにいる韓国人たちがアメリカの反日系議員を動かし、それがサンフランシスコにいる華人華僑に伝わって、そこから「反日運動」の流れの一つとして中国大陸に入ってきた経緯がある。

胡越はそのころちょうど日本に留学しようとしていた時期で、中国大陸における経緯を知らないだろうが、このことからも「反日教育の歪み」をうかがい知ることができる。

第二章

歪んで加速する「反日の闇」

落書きと報道テロに通底するもの

二件の靖国神社落書きとＮＨＫ報道テロに共通しているのは「反日感情」の加速化とその同調圧力だ。

では、その反日感情はいかにして植え付けられ加速していったのか？

第三章と第四章では、日中戦争時代から複雑に歪んだ毛沢東《もうたくとう》による「抗日戦争」プロパガンダと、江沢民から始まった「反日教育」、そして習近平が新たに政治利用している毛沢東流プロパガンダの虚構を考察する。

ＮＨＫ報道テロ実行犯が帰国後に盛んにウェイボーで「現在の日本のメディアは歴史の真実を隠蔽している」と書いている。ところが、中国人のほとんどは「中国共産党こそが歴史の真実を隠蔽していること」を知らない。

また日本は25回も「戦争謝罪」をくり返し、戦後賠償としてのエンドレスの対中ＯＤＡ支援を続けてきたが、中国ではそのことは人民に知らせていない。だから多くの中国人民は「日本は戦争犯罪を謝罪せず、戦後賠償も実行してない」と日本への憎しみは心深くにしみわたっている。

それでいながら、「はじめに」で書いたように、１９８０年以降に物心ついた若者たちは日本のアニメや漫画に夢中になり、日本大好き人間が育っていった。と同時に１９９４年からは「反日教育」の洗礼を受けているので心は歪み、ダブルスタンダードを持っている。

これら一連のことを書いていた最中に、深圳日本人学校児童の刺殺事件が起きたので、第四章として特筆しながら、三章、四章全体で「一つの章」として「反日の闇」を扱う。

1956年、毛沢東「日本軍の進攻に感謝する！」

1956年9月4日、中国（中華人民共和国）の「建国の父」毛沢東は、（旧日本軍の）遠藤三郎元中将を中国に招待し、中南海で「日本軍閥がわれわれ中国に進攻したことに感謝する」と発言している。毛沢東は「侵略」という言葉さえ使わず、慎重に「進攻」という言葉を選んでいる。毛沢東はさらに「あの戦争がなかったら、私たちは今ここ（北京の中南海）にいない」と言っている。

なぜか？

その膨大な証拠は拙著『毛沢東　日本軍と共謀した男』に書いたが、ひとことで言えば、毛沢東が打倒したかった相手は「中華民国」国民党軍を率いる蔣介石《しょうかいせき》だった。このため日本と「中華民国」が戦争をしていることは、毛沢東にとっては非常に都合のいいことだったからだ。

1936年12月に毛沢東は、周恩来《しゅうおんらい》やその弟子・藩漢年《はんかんねん》（中共側スパイ）を使って蔣介石の側近である張学良《ちょうがくりょう》を凋落させ西安事変を起こし、1937年から国共合作を行った。

この年に毛沢東が**「七二一方針」**を指示していたことを知っている人は多くないかもしれない。「七二一方針」とは「七割は共産党軍が発展するために力を注ぎ」、「二割は国民党軍に妥協して協調しているような顔をし」、「一割だけ抗日戦争に力を注ぐ」という戦略だ。その命令に違反して日本軍と本気で戦った共産党軍もいたが、のちに粛清されている。

この方針の信憑《しんぴょう》性を突き止めるため、筆者は台湾へ行って国民党軍事委員会関連や党史関連の資料を読み漁り、またアメリカに行き蔣介石直筆の日記があるスタンフォード大学のフーバー研究所に通い詰めた。

その結果、台湾の国民党側資料にも、蔣介石日記の1937年8月13日にも「七二一方針」に関して詳細に書いてあるのを発見した。ただ蔣介石の毛筆による日記はコピーしてもいけないし、写真を撮ることも許されないので、残念ながら、その筆跡の証拠をお見せすることはできない。

しかし、1965年の〈中華民國五十四年國慶紀念告全國軍民同胞書〉において蔣介石が日中戦争中の国共合作に関して「七分發展，二分應付，一分抗日！」（中国共産党の力の七割を中国共産党の発展に注ぎ、二割を国民党の対応に使い、一割だけ抗日戦争に注ぐ）という方針を毛沢東が出しているのを激しく批判した記録がある。これはネットでも簡単に見ることができる。

中国共産党を愛し肯定する人たちは、「それは国民党軍のでっちあげだ！」として反日感情を正当化するだろう。

それなら、まだ中華人民共和国が誕生する前の1947年にINDIANAPOLIS: BOBBS-MERRILL COMPANYで出版された『Last Chance in China』をご覧になるといい。作者はFreda Utley（フレダ・アトリー）というイギリスの学者、政治活動家でベストセラー作家だ。この本の194から195ページにかけて日中戦争における毛沢東の「七二一方針」に関する

図表3-1

毛沢東の「七二一方針」に触れている
Last Chance in China

How misleading my impression, like that of others, was at the time is shown by the directive given by Mao Tse-tung to political workers of the Eighth Route Army when, in October 1937, it left Yenan to fight in North Shansi:

The Sino-Japanese war affords our party an excellent opportunity for expansion. Our fixed policy should be seventy per cent expansion, twenty per cent dealing with the Kuomintang, and ten per cent resisting Japan. There are three stages in carrying out this fixed policy: the first is a compromising stage, in which self-sacrifice should be made to show our outward obedience to the Central Government and adherence to the Three Principles of the People [nationality, democracy and livelihood, as outlined by Dr. Sun Yat-sen], but in reality this will serve as camouflage for the existence and development of our party.

出典：Last Chance in China（1947年）

記述がある。その部分を図表3-1に示す。

図表3-1に書いてあるのは主として以下のような内容だ。

――毛沢東は１９３７年10月に延安で、八路軍の政治担当者たちに以下のような指示を出した：日中戦争はわが党拡大のための絶好のチャンスを与えている。わが党の堅固な政策は、70%を拡大のために、20%を国民党への対処のために、10%のみを抗日のために使うものでなければならない。（図表3-1の概要は以上）

作者のフレダ・アトリーは、もともと共産主義に肯定的だった。１９２７年に労働組合活動家として旧ソ連を訪れたあと、１９２８年にイギリス共産党に入党している。その後、共産主義に幻滅してアメリカに移住し（１９

39年)、反共産主義の作家として活躍した。その意味で彼女は1937年のときには、まだ共産主義を信奉していたことになる。したがって信憑性が高い。

蔣介石日記に書いてあるのは1937年8月13日とあるが、アトリーは10月と書いている。他の記録にも10月とあるのを見かけることがある。国民党軍と共産党軍の間では互いにスパイが細かく潜り込んでいたので、蔣介石のほうが先に内部情報をキャッチしていたということかもしれない。

日中戦争中、毛沢東は中共スパイを日本外務省に潜り込ませていた

1939年になると、毛沢東は潘漢年という中共スパイを上海にある日本の外務省の出先機関「岩井公館」に潜り込ませ、岩井英一(当時、上海副領事)と懇意にさせた。潘漢年は中共中央情報組特務(スパイ)科出身のスパイのプロである。岩井公館には「五面相スパイ」と呼ばれた世紀のスパイ袁殊《えんしゅ》が、中共スパイとして早くから潜り込んでいた。

潘漢年はこの袁殊に頼み、岩井英一と面会。その後、国民党軍の軍事情報を日本側に提供し続けた。その見返りに高額の情報提供料を岩井から受け取っている。金額は半月に一回、当時の金額にして警官の5年間分の年収(2000香港元)だ。毎月、10年間分の年収に相当する情報提供料を岩井英一は外務省の機密費から捻出して潘漢年に支払っていた。

詳細は岩井英一の回想録『回想の上海』(「回想の上海」出版委員会による発行、1983年)に刻銘に書いてある(図表3-2参照)。

図表3-2 岩井英一の著作『回想の上海』

"Memoirs in Shanghai" by Iwai Eiichi

出典：2016年9月にワシントンの記者クラブで講演したときに使った筆者の資料

日本が戦っていたのは、重慶に首都を移した蔣介石が率いる「中華民国」（国民党）政府である。その軍事情報を得ることができれば、日中戦争を有利に持っていくことができる。

なぜ潘漢年が国民党の軍事情報を詳細に持っていたかというと、先述したように1936年12月に中共側が起こした西安事変により、第二次国共合作（国民党と共産党が協力して日本軍と戦う）が行われていたからだ。

毛沢東の右腕だった周恩来（のちに国務院総理）は、この国共合作のために重慶に常駐していたので、国民党軍の軍事情報を得ることなどは実にたやすいことだった。

潘漢年が上海でスパイ活動に走り回っ

ていたころ、中共の特務機関の事務所（地下組織）の一つが香港にあった。そこには潘漢年をはじめ、同じく毛沢東の命令を受けた中共側の廖承志《りょうしょうし》らが勤務しており、駐香港日本領事館にいた外務省の小泉清一（特務工作）と協力して、ある意味での「中共・日本軍協力諜報組織」のようなものができ上がっていた。

日中戦争中、毛沢東、中共軍と日本軍との停戦を要望

日本の外務省との共謀に味をしめた毛沢東は、今度は日本軍と直接交渉するよう、潘漢年に密令を出している。

ある日、岩井は潘漢年から「実は、華北での日本軍と中共軍との間における**停戦**をお願いしたいのだが……」という申し入れを受けた。これは前掲の『回想の上海』の中で、岩井がもっとも印象に残った「驚くべきこと」として書いている（図表3-3にある165ページ2行目から3行目をご覧いただきたい）。

潘漢年の願いを受け、岩井は、陸軍参謀で「梅機関」を主管していた影佐《かげさ》禎昭《さだあき》大佐（のちに中将）に潘漢年を紹介する。

ちなみに影佐禎昭の二人の娘は、それぞれ陸軍少佐時乗武雄、谷垣専一《せんいち》元文部大臣に嫁いでいる。谷垣禎一《ていいち》（第24代自由民主党総裁、第47代党幹事長）は孫に当たる。名前の一字は、影佐禎昭の**「禎」**からとったものである。

潘漢年は岩井の仲介で南京にある日本軍の最高軍事顧問公館に行き、影佐大佐に会い、その

図表3-3　『回想の上海』164～165ページ

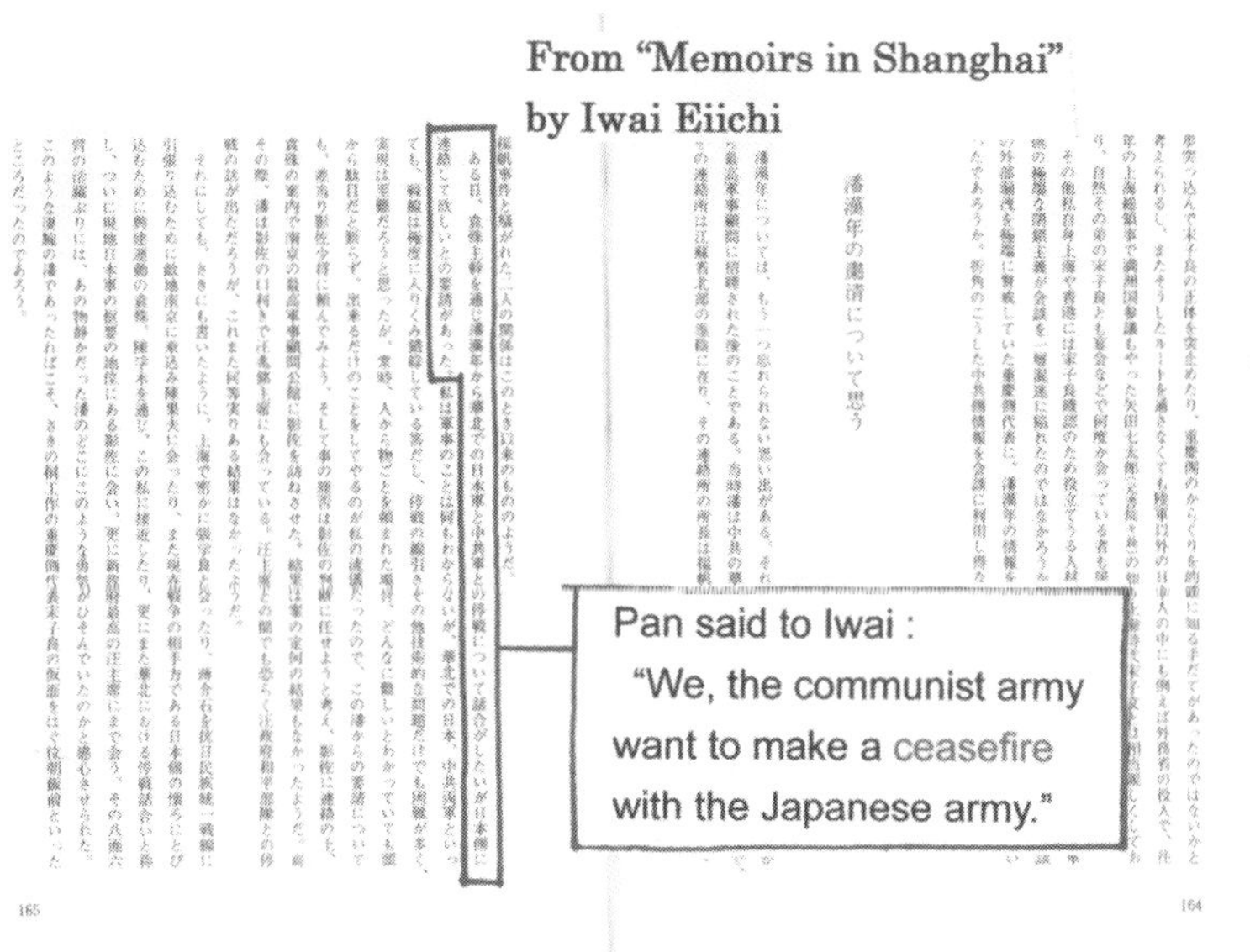

出典：2016年9月、ワシントンの記者クラブで講演したときの筆者の資料

紹介で日本の銘傀儡政権であった国民党南京政府の汪兆銘《おうちょうめい》主席に会う。

汪兆銘政権の背後には軍事顧問として多くの日本軍人がいるのだが、潘漢年は都甲《とこう》大佐にも会い、中共軍と日本軍との間の和議を申し込んでいる。

毛沢東は実は第一次国共合作（1924年～1927年）のときに孫文《そんぶん》や汪兆銘に気に入られて、汪兆銘とは兄弟分のような仲となっていた。汪兆銘が国民政府の主席で毛沢東が同じ国民政府の宣伝部部長を務めていた時期もある。

そこで毛沢東は潘漢年に、重慶国民政府の蔣介石と袂《たもと》を分かち南京国民政府を日本軍の管轄のもとに樹立していた汪兆銘政権と接触を持たせ、さまざまな形で共謀を図っていた。

汪兆銘に「あなたが倒したいのは重慶の蔣介石ですよね。それはわれわれ中共軍と利害をともにしています。ともに戦いましょう」という趣旨のメッセージを送っている。

汪兆銘政権のナンバー2には周仏海《しゅうふつかい》という実権を握っている大物がいた。その下には特務機関76号（ジェスフィールド76）を牛耳る李士群《りしぐん》がいた。潘漢年は汪兆銘と李士群と会うだけでなく、汪兆銘政権ナンバー2の周仏海にも接触を持っていた。このことは周仏海の日記および周仏海の息子の手記に書いてある。

葉剣英《ようけんえい》（のちの中共中央副主席。鄧小平《とうしょうへい》の陰謀により16年間も牢獄生活を送った習近平の父・習仲勲《しゅうちゅうくん》が1970年代末に釈放された後、ひたすら習仲勲を援助した人物）は、女性作家・関露《かんろ》を李士群の秘書として特務機関76号に潜り込ませていた。また饒漱石《じょうそうせき》（当時は中共中央軍事委員会華中軍分会常務委員など）は、潘漢年や揚帆《ようはん》（当時は中共中央華中局・敵区工作部部長）に中共スパイとして日本軍との接触を命じている。

すべて毛沢東の密令であり、重慶の国民党軍に対する中共軍の戦局を有利に導くためだった。日本軍との戦いは蔣介石率いる国民党軍に任せ、中共軍はその期間に強大化していく戦略が大々的に進行していたのである。

これらの歴史的事実を網羅したスパイ相関図を図表3-4に示す。

これは拙著『毛沢東　日本軍と共謀した男』に掲載したスパイ相関図である。左側には毛沢東の密令により動いた中共スパイの代表的な人名と命令系統が書いてあり、右側には中共スパ

図表3-4 中共スパイと日本側とのスパイ相関図

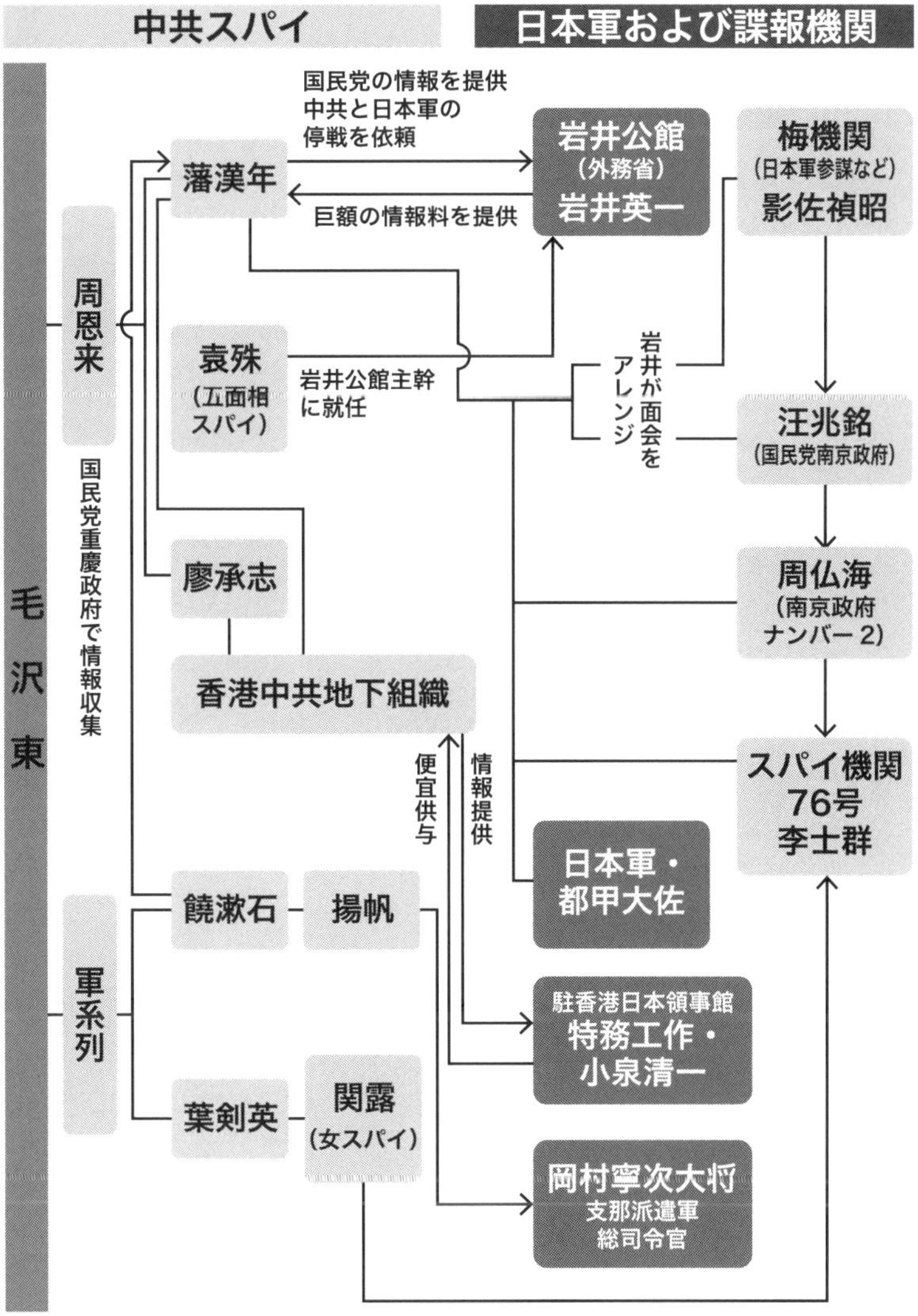

出典：『毛沢東　日本軍と共謀した男』より抜粋。筆者作成

イが接触した日本側組織や個人名が書いてある。接触した目的は、蔣介石率いる重慶「国民政府」の軍事情報を日本側に高値で売ったり、日本軍に和議を申し込んだりするためだ。

毛沢東は希代の策略家だ。もくろみ通りに日本敗戦後から始まった国共内戦において成功し、蔣介石の国民党軍を台湾敗走へと追い込んでいる。その結果、毛沢東は１９４９年10月１日に現在の中国、すなわち中華人民共和国を建国したのである。

中華人民共和国が誕生してまもなく、毛沢東は自らの「個人的な」意思決定により、饒漱石をはじめ潘漢年や揚帆あるいは袁殊など、毛沢東の密令を受けてスパイ活動をした者１０００人ほどを一斉に逮捕し投獄した。実働した者たちは毛沢東の「日本軍との共謀」という策略をあまりに知り過ぎていたからだ。

潘漢年は売国奴としてその口を封じられたまま、１９７７年に獄死している。１９７６年の毛沢東の死によって文化大革命は終わったものの、潘漢年の投獄は毛沢東じきじきの指示だったため、なかなか名誉回復されなかった。名誉が回復されたのは死後５年経った１９８２年のことである。

すると、潘漢年を知る多くの友人たちが潘漢年の無念を晴らすために、彼にまつわる情報を集め始めた。そして、すべては「毛沢東の指示によって中国共産党のために行動したのである」という事実を書き始めた。これらは、たとえば『潘漢年的情報生涯（潘漢年、情報の生涯）』（尹騏《いんき》著、人民出版社、１９９６年。情報は中国語でスパイ情報の意味）や『潘漢年傳』（尹騏著、中国人民公安大学出版社、1997年）といった本として中国大陸で出版されている。

注目すべきは、すべて「潘漢年も袁殊も日本側から日本軍の情報を引き出し、中共軍が日本軍と戦うために有利となるようにスパイ活動を行い、中共軍を勝利に導いた（中共軍が日本軍を敗退に追いやった）」という筋書きで組み立ててあることだ。

しかし、誰がどう考えても理屈に合わない。そこで筆者は日中双方の資料を突き合わせることによって、事実はまったく逆であったことを明らかにした。日本側資料によって、その決定的証拠をつかむことができたからだ。これまで中国側だけの資料に基づいて分析したものはあるが、日本側の証言と照らし合わせて日中戦争時の中共のスパイ活動を証明したのは、これが初めての試みではないかと思っている。

そもそも、もし中共スパイが日本軍に関する情報を入手し延安にいた毛沢東に渡す役割を果たしていたのなら（つまり情報を入手するために岩井英一と接触していたのなら）、日本側から巨額の「情報提供料」をもらうのは明らかにおかしい。整合性がない。

それに日本軍の情報入手のためにのみ潘漢年や袁殊がスパイ活動をしていたのなら、毛沢東はなにも潘漢年らを「知り過ぎていた男」として投獄し、終身刑にする必要はなかったはずだ。

毛沢東の戦略はあくまでも、天下を取るために政敵である蒋介石が率いる国民党軍を弱体化させることにあった。そのためには日本軍とだろうと、汪兆銘傀儡政権とだろうと、**どことでも手を結んだ**ということである。自分が天下を取ることだけに意義がある。そのためなら何でもした。それだけのことだ。

「日本軍と戦っているのは共産党軍」という毛沢東のプロパガンダ

そのような中、毛沢東は「日本軍と戦っているのは共産党軍で、蔣介石は日本と癒着している」というプロパガンダに注力していた。国共合作により入手した国民党軍の軍事作戦を日本側に通報し、その見返りにもらったお金を印刷費に回していた。そして、ひたすら「抗日戦争を戦っているのは共産党軍だ」というビラを刷ってばら撒き、プロパガンダに専念していたのである。前述した毛沢東の「七二一方針」の「七」の「中国共産党の発展」の具体的な内容は、「プロパガンダによる人心の掌握」だった。これが「発展」に大いに貢献した。

この手段は現在の習近平政権の外交政策に関しても遺憾なく発揮されているので、注目したほうがいい。「中共中央統一戦線」は、「にこやかな笑顔」でやってくることを次章で述べるので、あらかじめ注意を喚起したい。

毛沢東の文学性は非常に高く、人民の心をつかむのに成功している。プロパガンダの効果は非常に高く、多くの人民が「中国のために日本軍と戦っているのは共産党軍だ」と深く心に刻み、それは中国の大地に染み込んでいった。

１９４５年８月15日に日本が無条件降伏をしたのは、「中共軍が日本軍を倒したからではないこと」は明らかだろう。そのときは、まだ「中華民国」だったのだから。日本軍が中国大陸から撤退したあとに、共産党軍は「実際には日本軍と戦った国民党軍」を打倒するために国共内戦を行った。こうして１９４９年10月１日に誕生したのが新中国（＝中華人民共和国）、現在の中国である。

人民が尊敬した「抗日戦争を戦った勇敢な共産党軍（中国人民解放軍）」とは裏腹に、実は毛沢東は「南京大虐殺」も「抗日戦争勝利」も無視したことは注目に値する。

戦後、日本の防衛研究所などが出版している数多くの日中戦争史関連は、中国共産党のプロパガンダの記録である抗日戦争史に基づいて書かれているので、毛沢東と同じ程度に日本人を完全に騙している。

拙著『習近平が狙う「米一極から多極化へ」 台湾有事を創り出すのはCIAだ！』の【終章「アメリカ脳」から脱出しないと日本は戦争に巻き込まれる】で、日本は戦後、GHQによって徹底して「精神構造を解体された」と書いた。GHQはアメリカが日本に原爆を2回も投下し、無辜《むこ》の民を無差別的に殺害したことを日本国民から責められないようにするため、日本人に徹底して「贖罪《しょくざい》意識」を植え付けた。「悪いのは戦争を起こした日本だ！」という罪の意識を植え付けることによって「原爆を投下したアメリカは悪くない」と日本人が思うようになることを狙った。

その結果、日本人はアメリカに対しても中国に対しても大きな贖罪意識を持つようになり、日本防衛研究所の日中戦争史は基本的に中国共産党がプロパガンダのために書いた「八路軍（中国人民解放軍の前称の一つ）がいかに勇猛果敢であったか」を中心に書く結果を招いたわけだ。

これらを基本情報として大手メディアは日本人を再洗脳していったので、『毛沢東 日本軍と共謀した男』に書いたような内容を日本人は信じることがなかなかできないのである。だから筆者としては、証拠を示していくしかない。

「南京大虐殺」を生涯無視し続けた毛沢東

毛沢東は生きている間、「南京大虐殺」に触れることを嫌がったし、教科書にも載せさせなかった（日本語では「南京事件」と称するが、ここでは毛沢東の「南京大虐殺」に関する見方に焦点を当てて考察するので、中国流の「南京大虐殺」という文言を用いる。中国語の原語では「南京大屠殺」だが、その日本語訳は「南京大虐殺」となる。中国にはそれ以外にも1927年3月にコミンテルンの陰謀とされる「南京事件」があるので、それと区別する目的もある）。

中共中央文献研究室が編纂した『毛沢東年譜』を見ても、南京大虐殺があった1937年12月13日の欄には、ただひとこと「南京失陥」（南京陥落）という4文字があるだけだ。その前後は1ページを割いて1937年12月9日から12月14日まで開催していた中共中央政治局拡大会議のことが詳細に書いてある。13日に「南京陥落」と4文字あっただけで、14日からはまた別の雑務がたくさん書いてある。

「南京大虐殺」に関しては「ひとことも！」触れていない。

それどころか、その知らせを聞いて、延安にいた毛沢東は祝杯を挙げたとさえ、共産党紅第四方面軍の軍事委員会主席・張国燾《ちょうこくとう》がほのめかしているほどだ（張の著作『我的回憶（我が回想）』）。もっとも、張国燾は1938年4月には毛沢東と意見が合わず延安を去って国民党側に寝返ったので、どこまで信憑性があるかは、保証の限りではない。

『毛沢東年譜』は毛沢東の全生涯にわたって全巻で9冊あり、各冊およそ700ページほどなので、合計では6000ページ以上にわたる膨大な資料だ。それなのに、この全体を通して、「南京大虐殺」という文字は出てこない。6000ページにわたり執念深く調査したが、1937年12月13日の欄に「南京失陥」という4文字があるのみである。

その証拠を図表3-5に示す。この図表は筆者がワシントンの記者クラブで講演したときのプロジェクターで使った原稿で、1937年の12月13日の欄には「南京失陥」（南京陥落）としか書かれていないことを示したものだ。それ以降も毛沢東は死ぬまで「南京大虐殺」を口にしたことがないし、教科書にも書かせなかった。

翌年も、翌々年も、そして他界するまで、ただの一度も「1937年12月13日」の出来事に触れたことはなく、この「南京陥落」という4文字さえ、その後、二度と出てこない。

毛沢東は完全に「南京大虐殺」を無視したのだ。

中国では、毛沢東が逝去した後に初めて「南京大虐殺があった」と言っても逮捕されなくなったのである。それまでは「南京大虐殺があった」と言った者は「秘かに消されていった」。

そこに触れれば、国民党軍の奮闘と犠牲が強調されるのを避けたかったからにちがいない。

事実、2015年10月10日になると、ユネスコは「南京大虐殺」を世界記憶遺産に登録すると発表したが、習近平政権になってから「南京大虐殺」を世界記憶遺産に登録しようという運動が大きくなったため、中国大陸のネットでは「なぜ毛沢東は南京大虐殺を教えたがらなかったのだろうか？」とか「なぜ毛沢東は南京大虐殺を隠したがったのだろうか？」といった情報

図表3-5　**毛沢東が「南京大虐殺」を無視し続けた証拠**

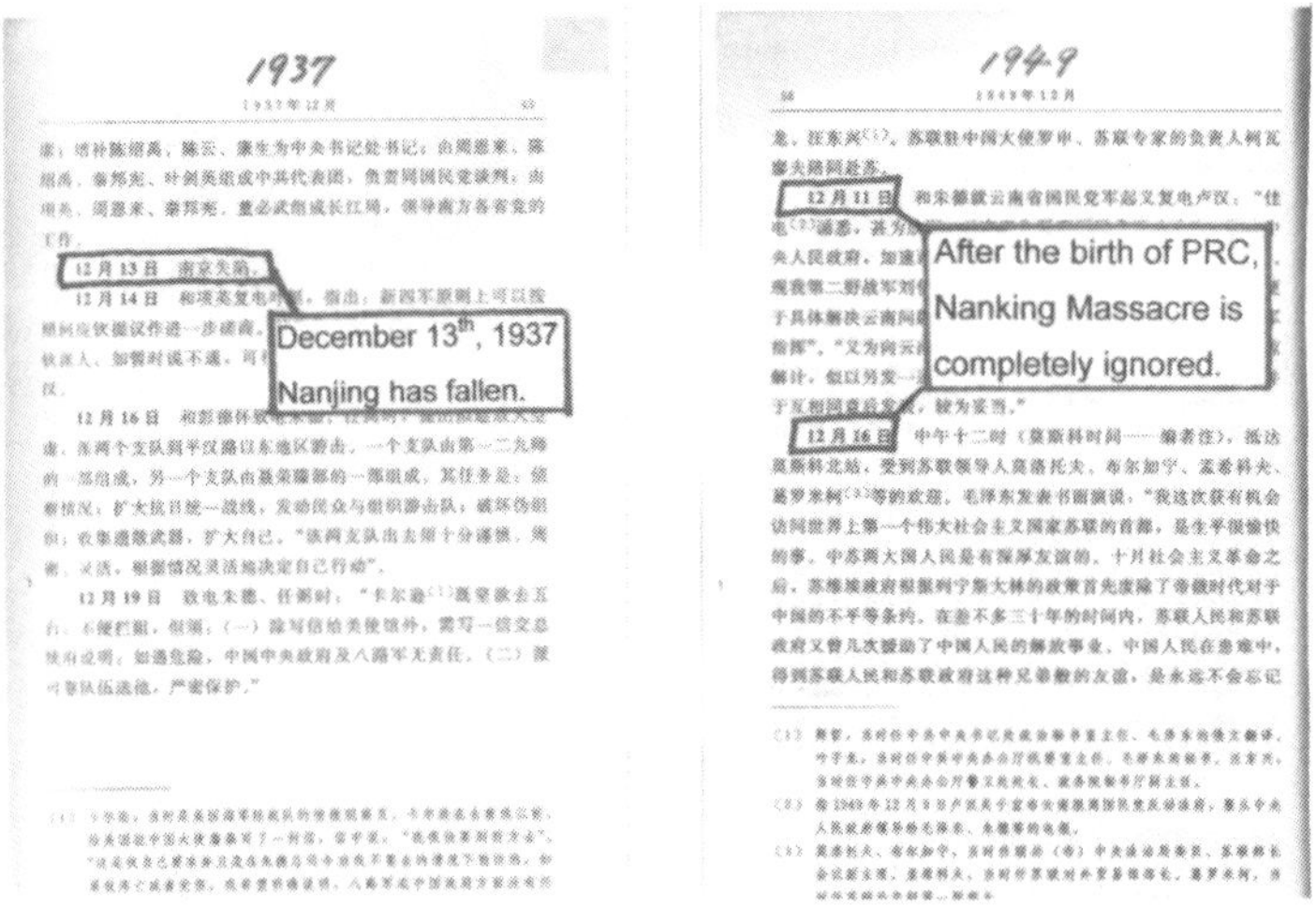

出典：『毛沢東年譜』を基に筆者作成（2016年9月のワシントン記者クラブで行った講演の際の筆者の資料）

が数多く出てくるようになった。

そのころのことだが、たとえば大陸の百度（baidu）で検索した場合、「毛沢東　南京大虐殺」と入れると、日によって異なるが200万項目ほどヒットした。そしてそのほとんどは、この疑問への投げかけだった。中にはきちんと中国建国以来、いつまで南京大虐殺を隠し続けたかを調べた人もいる。

今ではこの手の情報は削除されて、ほぼ見かけることがなくなったが、たとえば、2014年12月31日付の西陸網（中国軍事第一ポータルサイト）で「毛沢東時代はなぜ南京大虐殺に触れなかったのか――恐るべき真相」というタイトルで陳中禹《う》という人がブログを書いている。

彼は1958年版の『中学歴史教師指導要領』の中の「中学歴史大事年表」の19

37年の欄には、ただ単に「日本軍が南京を占領し、国民政府が重慶に遷都した」とあるのみで、一文字たりとも「南京大虐殺」の文字はないと書いている。この状況は1975年版の教科書『新編中国史』の「歴史年表」まで続くという。

ちなみに毛沢東が逝去したのは1976年。陳氏によれば、1979年になって、ようやく中学の歴史教科書に「南京大虐殺」という文字が初めて出てくるとのことだ。

他の情報によれば「1957年の中学教科書にはあったが、1960年版では削除されていた」とのこと。実際、確認してみたが、たしかにその時期、南京大虐殺を書いた教科書が江蘇人民出版社から出たことがある。しかしその後、消えてしまっている。

1957年にあったのには理由がある。

1950年6月25日に朝鮮戦争が始まると、日本はアメリカの特需を受けて武器弾薬の倉庫と化した。北朝鮮の金日成《キムイルソン》とソ連のスターリンの謀《はかりごと》に引っ掛けられた毛沢東は、参加したくもない朝鮮戦争に出兵しなければならなくなった。そして膨大な数の中国人民志願軍を北朝鮮に送り込んだが、自分の息子を含めた大勢の中国人の命を北朝鮮で奪われることになった。それだけでなく日本が1951年9月にはサンフランシスコ平和条約に調印すると同時に、日米安全保障条約にも調印した（両方とも発効したのは1952年4月28日）。

さらに朝鮮戦争が始まると、連合国軍占領下の日本に駐留していたアメリカ軍は国連軍の中核部隊として朝鮮半島に出動させ、日本に対しても治安維持の強化を求めた。あれだけ日本国を解体して再軍備を許さないという憲法を制定させておきながら、その範囲内で警察予備隊を設置させ、1952年10月には保安隊に改組させた。それが現在の陸上自衛隊になっている。中国では中国に対する侵略戦争を終わらせたばかりなのに、その日本が再び武装しようとしているとして、激しい「反対武装日本！」というスローガンが中国全土を覆った。

ちょうどこのときに、筆者は天津の中国人ばかりの小学校にいた。

朝鮮戦争が始まったので、それまでいた北朝鮮との国境の吉林省延吉市《えんきつ》から逃れてきたのだ。それも当時の日本人には移動の自由がなかったから、天津にいた父の知人が父を天津に呼んでくれたために天津に移動できた。筆者自身は1941年に元「満州国」の国都「新京特別市」（現在の吉林省長春市《ちょうしゅん》）で生まれた。父が麻薬中毒患者を治療する薬を発明し、人道的観点から麻薬中毒患者が多い中国に渡ったのが動機だった。1946年から国共内戦が始まり、1947年秋から48年秋にかけて、当時国民党がいた長春市は共産党軍によって食糧封鎖されたので1948年9月に長春市を脱出した。長春市の街路には餓死体が転がり、家族を餓死で失い、卡子《チャーズ》という共産党軍と国民党軍の真空地帯では餓死体の上で野宿させられた。共産党軍側のチャーズの門をなかなか開けてくれなかったからだ。ようやく逃れた先が延吉だった。

だが、チャーズの中でのあまりの恐怖に記憶喪失になり、1951年まで学校というものにろくろく上がったことがない。だから天津で中国人ばかりの小学校に行くのには不安はあったものの、こんな私でも学校に通えることが嬉しくてならなかった。しかし、初めて通い始めた中国人ばかりの小学校で待っていたのは凄惨を極めた虐めと罵倒だった。喪失したはずの記憶の中の地獄絵図がよみがえり始めてもいた。10歳そこらの女の子に耐えられる状況ではなかった。気が付けば、家の前にある海河という海のように幅の広い河に入水自殺をしようとしていた。その瞬間に記憶がよみがえり、今日に至っている。チャーズを背負い、日本人として虐められた屈辱と、日本はなぜあのようなことをしたのかという恨みを背負って生きてきた。

朝鮮戦争が終わると、毛沢東は「反対武装日本」運動をやめ、むしろ日中戦争時代の日本軍の高官を中国に招聘する方向に動き始めた。

というのは、台湾に逃れた蔣介石が、大陸奪還のために日本軍支那派遣軍総司令官だった岡村寧次《やすじ》氏に依頼して、台湾で「白団《ぱいだん》」という軍事訓練組織を秘密裏に結成していたからだ。日本敗戦後、蔣介石は日本軍のトップであった岡村寧次を非常に大切にし、東京裁判で裁かれないように、あらゆる手段を用いて岡村寧次を庇護し匿った。二人は深い友情により結ばれていた（詳細は『毛沢東　日本軍と共謀した男』）。

本章冒頭に書いた１９５６年における遠藤三郎招聘の背景には、蔣介石が岡村寧次を活用していたことに対抗しようとしたという事実がある。

したがって筆者が天津にいた時代だけが特別で、毛沢東の生涯において「反日」を叫んだのは朝鮮戦争と日米安保条約締結のときだけであった。だからこそ１９５７年の一社の教科書に、その名残がまだ残っていたと解釈するのが妥当だろう。それ以降は、１９７６年に毛沢東が死ぬまで（その年からしばらく後まで）、「南京大虐殺」という言葉は教科書に出てきていない。

日本では本多勝一記者が１９７１年６月から７月にかけて、「中共中央の許しを得て取材した」という謳《うた》い文句《もんく》で朝日新聞に８月から連載された『中国の旅』というリポートがある（のちに書籍化）。これが中国で「南京大虐殺」を呼び起こすきっかけになったと言われることが多いが、筆者はその取材自体の信憑性に疑問を持っている。

1971年はどういう年だったかご存じだろう。

まだ文革中であったことと、その年の4月16日にはアメリカのニクソン大統領が「米中国交樹立が長期目標」と発言し、訪中の意向を表明した。7月9日にはキッシンジャー（元国務長官）が忍者外交により中国に忍び込んで当時の周恩来総理と密談している。その直後に国連では「中国」を代表する国家としては「中華人民共和国」（中国）一国しかないということを大前提として「中国」が国連に加盟するという長年の望みをついに果たした。このとき「中華民国」（台湾）は追い出されるような形で国連を脱退している。中国は日本とも1972年9月に日中国交正常化を果たしたが、中国と国交を正常化する世界中のすべての国に「台湾との断交」を絶対条件として要求した。

このような毛沢東にとってもっとも慎重に動かなければならなかった大舞台が展開されていたときに、これまで自分自身が無視してきた「南京大虐殺」ごときに、一寸たりとも力を注ぎたくはなかっただろうし、そのようなことを中共中央は許さなかったと思う。このような大事な時期に、蔣介石に利するようなことをひとことでも言った者は直ちに「消された」だろう。だから一般人が、そのようなリスクまで冒して、1971年6月に毛沢東の意に反することを言うはずがない。ましてや中共中央がそのような取材を許可するはずがないのである。

多くの日本人は本多勝一記者の取材は、中共中央にコントロールされたものだと思っているかもしれないが、それは以上の理由からあり得ない。むしろ取材の信憑性自体に問題があるのではないかと筆者は思っている。

ただし何度も言うが、筆者は「南京大虐殺」があったとか、なかったとか、その残虐性や人数がいかほどのものであったかの話はしてない。そこに深入りするのはあまりに危険で何冊もの本を書かねばならないだろうから、そこには立ち入らない。ただ日本の研究者には、ここで書いた中国の真相にも目を注いでほしいと望んでいる。

人民日報が初めて「南京大虐殺」に関して詳細に解説したのは1982年8月だ。その書き出しは「日本の文部省の歴史教科書改ざん問題」から始まっている。

そして日中戦争勝利40周年記念に当たる1985年8月15日になって、「南京大虐殺記念館（中国名：侵華日軍南京大屠殺遇難同胞紀念館）」が建立され、1987年7月7日に北京の北京市豊台区《ほうだいく》にある盧溝橋《ろこうきょう》の近くに「中国人民抗日戦争記念館」が落成した。中国人は盧溝橋事件を「七七事変」と称するので、7月7日を選んだものと思う。

これらの動きは1978年12月の中国共産党第十一期三中全会において、鄧小平が改革開放を宣言したため、海外の精神文化が一気に流れこんできていたころだ。中国の若者がジャズやカウンターカルチャーであるヒッピー文化に染まり、夜を通してロックやダンスに夢中になったための反動だ。

鄧小平は「窓を開ければ蠅《はえ》だって入ってくるさ」と言っていたが、改革開放と同時に中国に上陸したのはアメリカ文化だけでなく、日本の映画やアニメ・漫画なども雪崩のように上陸し、「満州国時代」に李香蘭《りこうらん》（山口淑子）も歌ったことのある「何日君再来」（いつの日君帰る）が１９８０年に台湾のテレサテンの歌として大陸に上陸するに至る。

「何日君再来」のピンイン標記は【Hérì jūn zàilái】だが、「君」の中国語の発音【jūn】は軍隊の「軍」とまったく同じだ。そのため日中戦争時代も「君」は「軍」のことかと論争になったことがあるものの、あまりの歌の魅力に論争は消えていた。日本でも大ヒットして李香蘭が歌ったことから、これは「満州国」の歌として認識されていた時期さえあった。

その歌が１９８０年に台湾の人気歌手テレサテンの歌として再上陸し、おまけにやはり大ヒットしていた。

拙著『習近平　父を破滅させた鄧小平への復讐』でも書いたように、習近平が１９８０年前後、軍事委員会常務委員兼秘書長をしていた耿飈《こうひょう》の秘書をしていたころのことだ。耿飈の会議が終わるのを待っている間に運転手が持っていたテープレコーダーからこっそり聞いた歌が、このテレサテンの歌だった。習近平はテレサテンの歌を聴くのが好きだったが、当時は問題視されていた。この歌が引き金となり、「満州時代」の李香蘭の歌も上陸するようになり、中共中央の長老たちが鄧小平の行き過ぎた「窓の開け方」を非難するようになったのである。

そこで１９８３年に「精神汚染防止運動」が始まり、「南京大虐殺記念館」が建立されるに至ったわけだ。

なお、ここでは日中戦争における日本軍の行為自体を議論しているのではなく、あくまでも毛沢東がいかにして日本軍を利用しながら中華人民共和国を誕生させていったかを考察しているだけなので、「南京大虐殺」やその他の日本軍の行為そのものの論議はしない。

反日感情はいかにして植え付けられたのか？

もちろん毛沢東は「抗日戦争勝利記念日」を祝ったことがない。

なぜなら「勝利したのは蒋介石だから」だ。

前出の『毛沢東年譜』によれば、１９４５年８月15日には、旧ソ連のスターリンに祝賀の電報を打ったことだけが書いてある。

中国で大々的に全国レベルで「抗日戦争勝利記念日」を祝うようになったのは江沢民政権時代の１９９５年からで、１９９４年から新たに強化した「愛国主義教育」によって「反日教育」を始めたのも江沢民だ。

なぜなら江沢民の実父・江世俊《こうせいしゅん》が日中戦争時代、日本の傀儡政権であった汪兆銘政権に官吏として勤務していたからである。江沢民は父親のおかげで１９４３年には汪兆銘傀儡政権下の南京中央大学に入学し、贅沢三昧《ぜいたくざんまい》の日々を送っていた。だから江沢民はピアノやダンスなどの芸事に長《た》けている。そのときの写真も名簿もある。１９８９年７月に発行されたという「南京中央大学（１９４０〜１９４５）校友通訊録（学友連絡簿）」（図表3-6、図表3-7）が本物か否かは定かでない。しかしアメリカにいる華人華僑の間で出回っていたので、１９８９年６月４日の天安門事件後にアメリカに亡命した民主活動家、あるいはその前からアメリカに亡命して

図表3-6　南京中央大学名簿のカバー

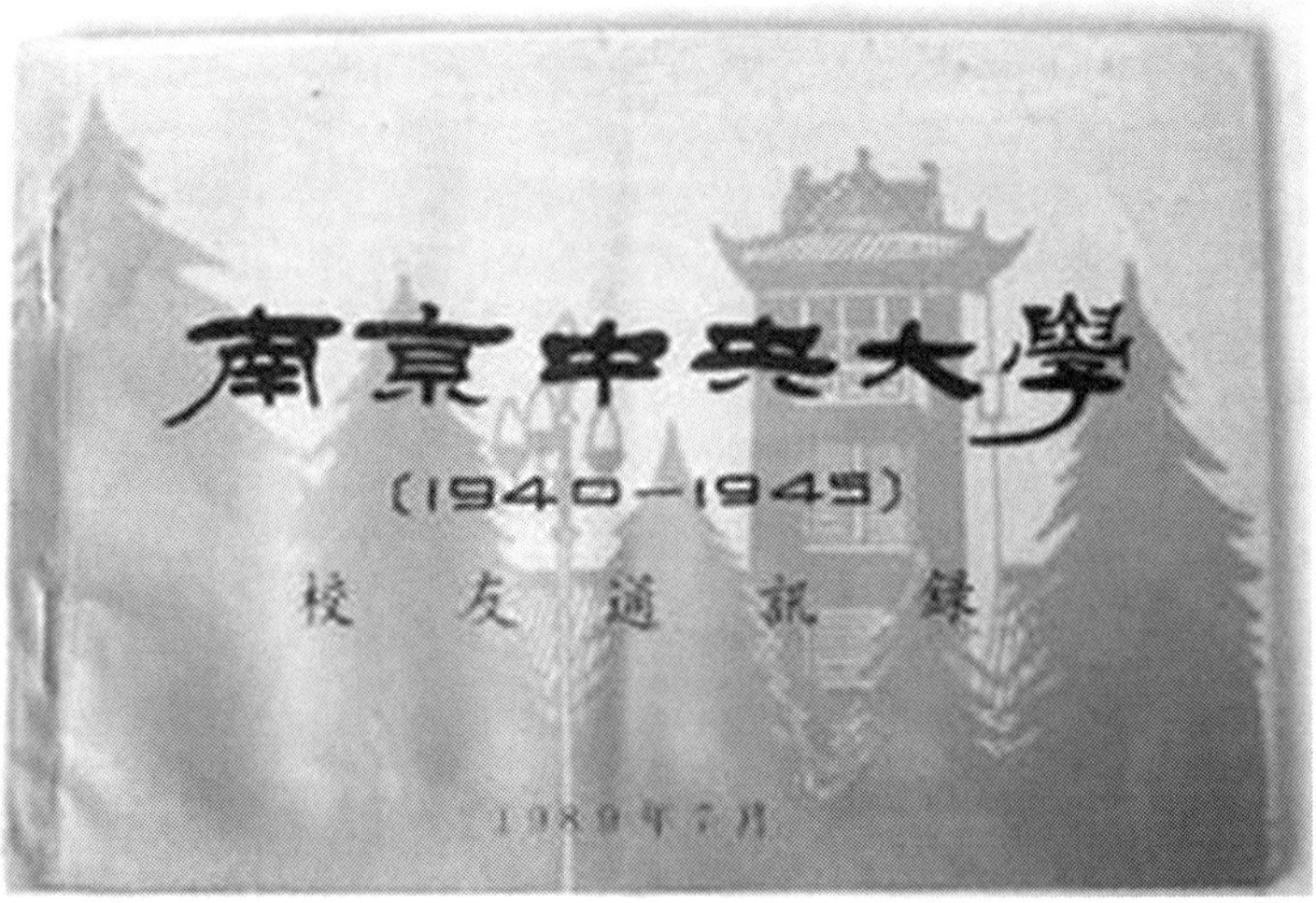

出典：中国大陸以外の中文のネット

図表3-7　理工学院・機電（機械電気）系の名簿

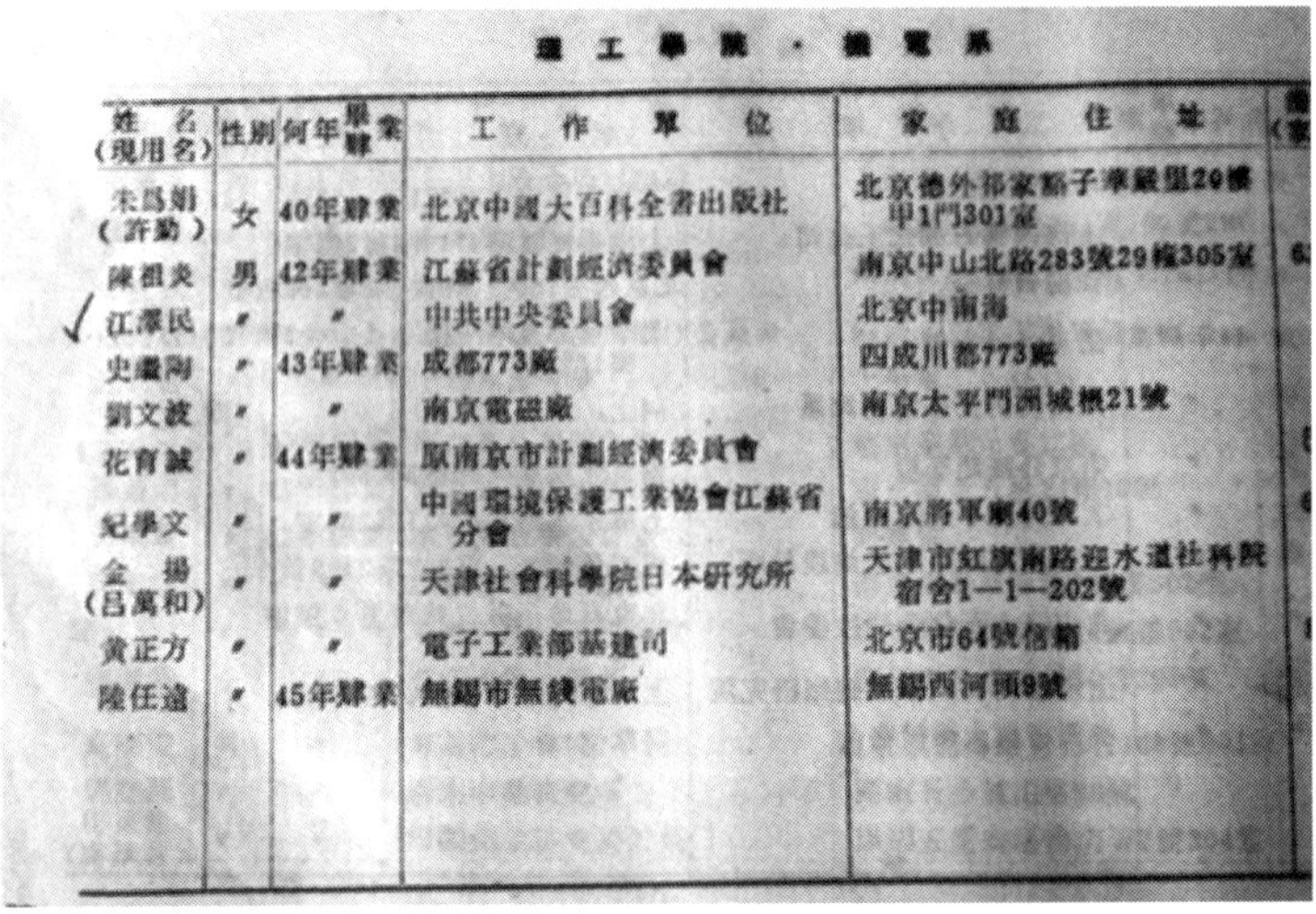

理工學院・機電系

姓名（現用名）	性別	何年畢業肄業	工作單位	家庭住址
朱爲娟（許勤）	女	40年肄業	北京中國大百科全書出版社	北京德外祁家豁子華嚴里29樓甲1門301室
陳祖炎	男	42年肄業	江蘇省計劃經濟委員會	南京中山北路283號29幢305室
江澤民	〃	〃	中共中央委員會	北京中南海
史繼陶	〃	43年肄業	成都773廠	四成川都773廠
劉文波	〃	〃	南京電磁廠	南京太平門洲城根21號
花育誠	〃	44年肄業	原南京市計劃經濟委員會	
紀學文	〃	〃	中國環境保護工業協會江蘇省分會	南京將軍廟40號
金揚（呂萬和）	〃	〃	天津社會科學院日本研究所	天津市紅旗南路迎水道社科院宿舍1—1—202號
黃正方	〃	〃	電子工業部基建司	北京市64號信箱
陸任遠	〃	45年肄業	無錫市無線電廠	無錫西河頭9號

出典：中国大陸以外の中文のネット

いて天安門事件に激しい批判を寄せた華人華僑を中心に作成されたものかもしれない。

江沢民は天安門事件発生直後に、鄧小平の一存で中共中央委員、中共中央委員会政治局常務委員、中共中央総書記に抜擢されているので、それに対抗して出回った可能性はある。いずれにしても、大陸にいて共産党思想にまみれていない人々の間では、江沢民の実父が日中戦争時代の日本の傀儡政権の官吏であり、江沢民が傀儡政権管轄下の南京中央大学の学生（1943年入学）であったことは広く知られている証拠なのである。

江沢民には、酒が入ると「月が出た出た、月がぁ出たぁあ、ヨイヨイ♪」と「炭坑節」を歌う癖もあったことは有名で、日本語も少しだけ話す。

ところが日本が敗戦すると、漢奸《かんかん》＝売国奴と罵倒されるのを恐れ、江沢民は慌てて叔父の江世候（またの名を江上青）の養子になったと偽装。江世候は中国共産党の幹部で、1939年に戦死している。江世候は江沢民の父親の弟に当たるが、祖父が妾に産ませた子どもとされ、その家族は極貧の中にあり、江沢民が養子になってピアノやダンスを習えるような状況とは無縁。

このことを最初に暴いたのは元北京市書記（1992～1995）だった陳希同《ちんきどう》（1930～2013）で、陳希同はその告発状を鄧小平に渡した。ところが鄧小平は、こともあろうか、告発状を江沢民を鄧小平に推薦した薄一波《はくいっぱ》（薄熙来《きらい》の父親）に見せたため、陳希同は投獄され獄死している（最後は獄外病院で死去）。

薄一波はこのとき江沢民に、「自分は黙っていてあげるから、息子の薄熙来をいずれは中共中央政治局常務委員会委員（＝チャイナ・ナイン）にさせろ」と脅迫するのである。ここから激しい権力闘争が始まり、２０１２年に薄熙来は逮捕されるのだが、いずれにせよ反日教育の発端は江沢民が自分の出自を隠すためにあった。

１９９５年5月、中共中央宣伝部、国家教育委員会、文化部、新聞出版および共青団中央が共同で「全国の小中学生に推薦する百冊の愛国主義教育の通知に関して」という通達を全国の小中学校に送付した。中国語で「中学」は日本の「中等教育」に相当し、「中学校と高校」を含んでいる。つまり高校を卒業するまで、徹底して愛国主義教育を叩き込むのである。

１９９６年11月には、全国の小中学生に向けて「１００か所の愛国主義教育基地」を推薦した。１９９７年7月には、中共中央宣伝部がその１００か所リストを発布して学校教育の授業に「愛国主義教育基地巡り」を義務付けた。まだ江沢民政権だった２００１年6月11日には中共中央宣伝部はさらに１００か所の基地を発布。結果、江沢民政権時代に計２００か所の基地ができ上がったことになる。そのほとんどは抗日戦争跡地だ。

愛国主義教育基地の見学ができない地域は、テレビドラマや映画鑑賞あるいはインターネットによる遠隔画像教育も駆使して全国津々浦々に染み込ませていった。

日本への恨みを体感させる「学習指導要領」

「愛国主義教育」の中心をなす「反日教育」の実態を知るには、「どのように教育しているか」を知らなければならない。そのためには「学習指導要領」を見るのが何よりも重要だ。筆者はその「学習指導要領」を入手しているので、その一例をご紹介しよう。

２０００年11月出版の『中国近現代史　下冊　教案』（人民教育出版社）から引用する。「下冊」は「下巻」、「教案」は「学習指導要領」の意味である。

まず、「九一八事変」（１９３１年9月18日に起きた柳条《りゅうじょう》湖《こ》事件。日本でいう「満州事変」につながった事件）を抽出し、要点だけを列挙する。

【教学目標】

一、知識目標

１．１９３０年代の日本の中国侵略の原因と偽満州国の建立。

２．蔣介石が日本侵略に抵抗しなかった政策とその影響。

３．中国共産党の抗日救国運動の奮起と表現。

二、能力目標（詳細は省略する）

三、指導プロセスと方法

現在ある新聞報道などを導入口として、**日本帝国主義の侵略行為に対する憤慨の気持ちを先ず掻き立てて**、生徒たちの愛国的情熱を激発させる。

四、情感姿勢と価値観

１．九一八事変を通して、生徒たちに、これが日本帝国主義が中国侵略を始める第一歩で、その背景には日本の経済と社会の要因があり、中華民族に重大な災難をもたらしたことと、これは否定できない歴史的事実で、改ざんは許されないことを、生徒一人一人の心に深く印象付けるように認識させること。**こんにち**

日本帝国主義の復活と右翼勢力の凶暴な、常軌を逸した活動に対して警戒しなければならない。

2. 本節の教材を通して、**生徒たちが日本帝国主義の野蛮な行動に対する深い憎しみを激しく抱くように激発させ**、愛国主義の精神と民族の責任を植え付けよ。

3. 中国共産党は九一八事変のとき、民族滅亡の危機に対して勇猛果敢に戦った。これは全民族の利益に符合し、崇高なる愛国主義精神の表現である。外国の侵略に対する不屈の抵抗は中華民族の伝統的な栄光である。

【教学前の準備】

インターネットや教科書以外のメディアやフィルムを用いる。

「松花江上」という音楽を流しながら、当時の被害者の傷跡が写っている写真を見せ、憎しみの情緒を掻き立てた上で、生徒たちと以下の会話をするように持っていくこと（＝誘導すること）。

教師：この写真は何を意味するのですか？

生徒：柳条湖の鉄路は関東軍が爆破したもので、中国の軍隊とはいかなる関係もありません。（「九一八事変」に関する紹介は以上）

「学習指導要領」では、生徒たちに憤りの感情を激しく抱かせるように工夫されているだけでなく、生徒が何を言うべきかに関しても誘導尋問的に、生徒が「こう言うしかない」ところまで設定しており、マインドコントロールに近い教育が行われている現状が見えてくるだろう。

こういった内容が何百項目にもわたって細かく指導されており、かつ全国の愛国主義教育基地に実際に行って憎しみを確実なものにしていく。

すべてを列挙するには何冊も本を書かなければならないほど膨大な内容なので、これまで述べてきた「南京大虐殺」に関して一部だけ触れることにする。

【教学前の準備】

●まず、「南京大虐殺」という映画を見せてから授業に入ること。

●そのあと、できるだけ凄惨な個別の殺戮《さつりく》場面をスクリーンにクローズアップして映し出し、「大きな赤い文字で」殺戮された人数「30万人」を写真の上に重ねて映し出し、インパクトを与える。

●静止画面と動画の両方を用いて、色彩の効果と動画の効果を駆使し、心から震撼するような衝撃が生み出されるように工夫する。

●特に南京大虐殺の血なまぐさい残虐な一面を突出させて印象付けるようにすること。

●教師は生徒に次の質問をし、日本軍が行った残虐な行為に関して、生徒により多くの事件を思い起こさせること。

教師：日本の侵略戦争史上、南京大虐殺以外に、ほかにどういう突出した事件があるか挙げなさい（「南京大虐殺」に関する教学前の準備は以上）。

ここに書いたのは多くの「南京大虐殺」教学の準備の一コマに過ぎないが、一連の教学の後、必ず「南京大虐殺記念館」に見学に行き、生々しい蠟人形による効果的な展示に触れ、「日本、許すまじ！」という気持ちがわき起こるようにするのだ。

「学習指導要領」の【教学目標】の「三」には**「日本帝国主義の侵略行為に対する憤慨の気持ちをまず搔き立てて、**生徒たちの愛国的情熱を激発させる」とある。そして「四、情感姿勢と価値観」の「1」に**「こんにち日本帝国主義の復活と日本の右翼勢力の常軌を逸した凶暴な活動に対して警戒しなければならない」**と書いたうえで「2」に**「深い憎しみを激しく抱くように激発させせ」**とつなげている。

これは一見、**「日本帝国主義への憎しみ」**と書いてあるだけのように見えて、実は同時に**「こんにち日本帝国主義の復活と日本の右翼勢力の常軌を逸した凶暴な活動に対して警戒しなければならない」**と結び付けて、**「日本帝国主義への憎しみ」は、すなわち「現在の対米追随的な日本への憎しみ」**を意味することにつながっていく。「反日教育」というより、むしろ「仇日教育」と言ったほうがふさわしいくらいだ。事実中国では「仇日教育」と呼ぶほうが多い。

中国政府は「中国は反日教育など行っていない」と常に強調しているが、ここまで強烈な反日感情を惹起させる学習指導要領で授業を行い、少年少女の心深くに「仇日心」を芽生えさせる国家戦略を、「反日教育」と言わずして何と言えばよいのだろうか。

日本が対米追随的に再軍備をしようとしているといった内容は、他の「学習指導要領」にもふんだんに盛り込まれている。これだけでなく時々刻々変化していく日米の対中包囲網などは、これでもか、これでもかと毎日の授業で叩き込まれるから、現在の日本は「帝国主義時代の日

図表3-8　中国共産党員の少年少女版「少年先鋒隊」の授業風景

出典：ロイター/アフロ

本」であり、「軍国主義の日本だ」という概念が刷り込まれる仕組みになっている。

筆者は長いこと留学生教育に従事し、特に一橋大学、千葉大学そして筑波大学と、国立大学を中心として留学生教育に当たってきた。全世界からくる留学生と接触する日々の中で大学における教育活動を続けてきた。

その中で歴然とした違いを見せたのは中国人留学生で、世界中のどの国と比べても政治意識が高い。そのため中国における授業のカリキュラムに関して調査したことがあるが、「政治」に関する授業が多く、かつどの大学でも入学試験科目に「政治学」があった。

加えて次章で詳述するように、1980年以降は「日本のアニメ（動画）

や漫画が大好きな、中国動漫新人類」が誕生したので、「精神汚染」を恐れた中国政府は中国国産の動漫制作に注力した。さらに抗日戦争ものの映画やテレビドラマあるいは動漫なら制作許可をどんどん緩くしていったので、若者は抗日戦争ものを好むようになった。第一章で述べたように靖国神社に落書きして日本を侮辱すれば「これぞ中華民族の男!」として英雄視されるため、「もっとも過激な形で日本民族を侮辱する行為」に走るようになったのである。

そのため、「日本人を殺しても罪にはならない」という気持ちを、一部の中国人民の中に芽生えさせる結果を招くに至っている。

第四章

「反日の闇」が生んだ深圳の日本人男児刺殺事件

中国にある日本人学校に対する中国ネット民の嫌悪

２０２４年9月18日、中国広東省深圳市にある日本人学校の男子児童が中国人男性（44歳）に刃物で襲われ、19日未明に亡くなった。激しい憤りを覚えると同時に、胸が痛んでならない。犯人・鍾某はその場で取り押さえられ、まちがいなく自分が刃物で刺したことを認めたが、中国の外交部報道官は「どこの国でも起こり得る話だ」、「これは偶発的な出来事だ」と言っている。

それは違う。これは起こるべくして起きた事件だ。６月に中国の江蘇省蘇州市でスクールバスを待っていた日本人の親子が中国人男性に刃物で切り付けられる事件も偶発か？　靖国神社落書き男とその模倣も偶発か？　そのニュースを報道するＮＨＫラジオ国際放送の中国人男性による報道テロも偶然か？

違う！

中国の行き過ぎた反日教育がすべての原因だ。その教育の仕方がどのようなものかは第三章で述べた通りだ。したがって今後も起こり得る。

日本人学校は、日本政府の文部科学大臣が管轄する在外教育施設のひとつで、日本国外に居住する日本人子女が「日本国内の小・中学校と同等の教育を受けられるようにした教育機関」だ。中国大陸では「北京、天津、広州、深圳、上海（虹橋校と浦東校）、蘇州、杭州、大連、青島、香港」にある。一般に安全対策として、少なくとも「校門は自動ロックで常に施錠され、高い塀や有刺鉄線で囲まれ、警備員が24時間または授業時間中に常駐」などを実施しているのが現状だ（図表4-2参照）。

このような中、中国のネットには日本人学校を敵視し嫌悪する情報があふれている。たとえば2023年11月22日の〈中国にある日本人学校をなくしてしまえ〉には、以下のような問答形式の批判がある。一部だけ取り出して記す。

●中国は日本の植民地か？　違う。
●日本人は中国で治外法権を持っているのか？　持ってない。
●自国の学校の教育内容や教育過程を監督するのは主権国家が持っているべき権利だよね？　そうだ。
●じゃあ、なぜ中国には中国の規制を受けない日本人学校が、こんなにまで多くあるんだい？　いったい、どの売国奴が承認したんだ？　これは権力を失い国を辱めた清朝末期と中華民国のみがやったことじゃないのか？　その通りだ。日本は中国と全面戦争を始める前から実際上、こんな悪いことをしていた（以上）。

この手の情報の中には「日本人学校はスパイ養成学校だ」というのも多い。その証拠に1901年に上海に設立された「東亜同文書院」を挙げるものもある。以下に示すのは事件当日の2024年9月18日午後6時に中国のネットに書かれていた〈日本人学校为何遭中国老百姓仇

図表4-1　**深圳日本人学校**

出典：中国のネット

図表4-2　**上海日本人学校**

出典：中国のネット

図表4-3　東亜同文書院の写真

出典：中国のネット（小鎮詩人）

視？（日本人学校はなぜ中国庶民の憎悪の対象になるのか？）〉によるものだ。書いたのは河南省のアカウント名「小镇詩人（小鎮詩人）」なる人物。

「東亜同文書院」は1939年に「東亜同文書院大学」に昇格し、たしかにスパイ養成学校として一部機能していた。第三章で述べた『毛沢東　日本軍と共謀した男』の中の岩井英一が通ったスパイ養成校でもある。だから日本には「前科」があると、9月18日に「小鎮詩人」は主張している。「小鎮詩人」は歴史に詳しいらしく、その情報には図表4-4や図表4-5などの日中戦争時代の東亜同文書院の活動に関する詳細な記録がある。

中国には必ずしも「反日教育」に染められた若者だけでなく、日中戦争を経験した高齢の学者などが生き残っている場合もあ

図表4-4 上海東亜同文書院「大旅行記録」

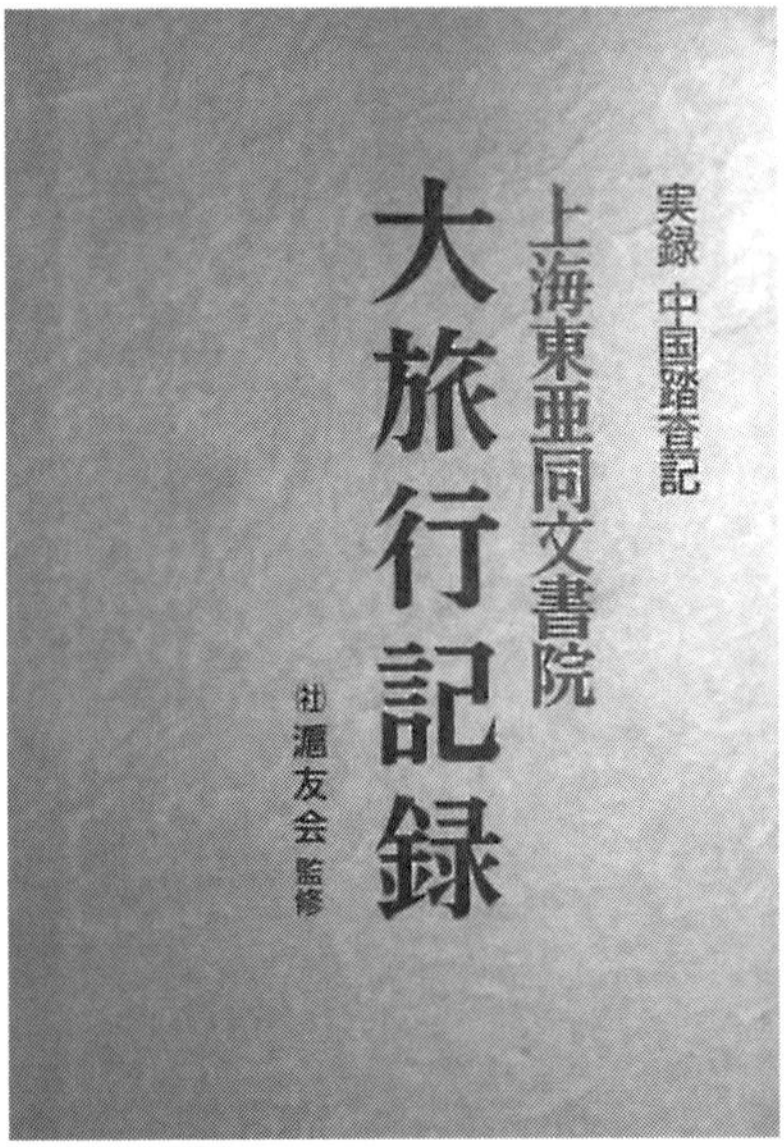

出典：中国のネット（小鎮詩人）

図表4-5 大東亜同文大学生の活動記録

出典：中国のネット（小鎮詩人）

る。そういった人たちの「日本への恨み」に関する洞察には深いものがあり、真実味がにじみ出ていて考えさせられる。

また事件後に中国のネットに現れた〈深圳日本人学校で10歳の男児が刺殺されたことをどう思うか?〉は、明らかに若者が書いたと思われる。深圳で献花した中国人や、日本の首相のX投稿や在中国日本領事館のウェイボーにある哀悼の文章に対して謝罪文を付けている中国人に対して、**「こういう媚日派が、どれだけ反日感情をエスカレートさせるか、わかっているのか?」**という趣旨のことが激しい嫌悪感をもって書かれている。

この情報に対するコメントのほとんどは「吐き気がする」というものが多かったが、その中で目を引いたのは、本書第一章で書いた5月の靖国神社落書き犯で、アカウント名「鉄頭」を例にとったコメントだった。表現が汚いので書きたくはないが、そこには、

まずは鉄頭が靖国神社に放尿して拍手喝さいを浴びた……。

その香りが漂って日本を風刺する効果を運んできた……。

その後、蘇州にある日本人学校のスクールバスが襲撃され、

中国人の学校職員がナイフをブロックしてしまったが、

今回はうまくいった。

彼らは遂にその願いを叶えることができたのだ……。

10歳の小学生に手をかけたのだから……。

とある。このことからも、本書第一章や二章で書いたこれらの事件が一連の連鎖反応であることがわかる。

ちなみに、ここにある「蘇州にある日本人学校のスクールバスが襲撃され、中国人の学校職員がナイフをブロックしてしまった」事件だが、中国人の中には、自分の命を張って日本人親子を助けようとしたケースもある。

蘇州日本人母子襲撃を阻止しようとして亡くなった中国人女性

２０２４年6月24日午後、中国江蘇省蘇州市にある日本人学校の下校中のスクールバスのバス停で、迎えに来ていた日本人母子２人が中国人男性に襲撃された。それを阻止しようとした乗務員の中国人女性・胡友平さんが刺されて、26日に亡くなられた。

現場のバス停は、日本人学校などのスクールバスが利用する場所で、ふだんから登下校の時間帯には子どもを迎えるため多くの保護者が集まっていたという。またスクールバスには、子どもたちの乗り降りや迎えの保護者の確認などを行うため、運転手以外の案内係が必ず乗車しており、胡友平さんはその任務に当たっていた乗務員だ。

中国人の中には自らの命の危険を顧みず咄嗟に日本人学校関係者の命を守ろうとする人もいる。この件に関して前述の情報のように「中国人の学校職員がブロックしてしまったのは残念で、今回（深圳の場合）はうまくいった」と書くような中国人もいれば、自分の命を犠牲にしてでも日本人親子を守ろうとする中国人もいることは忘れてはならない。

１９６９年生まれの胡友平さんは、江蘇省淮安市葵陵村生まれ。生前は江蘇省蘇州市に住んでいた。一児の母でもある。日本人学校スクールバスの添乗員を勤めており、その任務に忠実で、日本人親子を守ろうとしただけではなく、男がバスに乗り込んで中にいる日本人児童を襲撃しようするのを防ごうとした。そのため胡友平さんは襲撃犯に何度も刺され、治療の甲斐なくこの世を去った。彼女は日本人親子二人を救っただけでなく、他に刺されたかもしれないスクールバス内にいた他の多くの日本人児童の命をも救ったことになる。

蘇州市は胡友平さんに「見義勇為（義を見て勇敢に行動する）」模範の称号を与え、6月28日、駐中国日本大使館は半旗を掲げて哀悼の念を表している。同日、中国外交部も胡友平氏に対して哀悼の念を捧げた。このような中国人がいたことに、心から尊崇の念を抱かずにはおられない。彼女の正義感と勇敢な行動には誰もが文句なしに深い感動を覚えることだろう。

したがって当然のことながら、こういった事件が続いたからといって、中国人すべてが反日あるいは仇日的感情を持っているわけではないことは今さら言うまでもないことだ。

9月18日の深圳日本人学校における刺殺事件に関しても、弔いのために事件現場に花を手向ける中国人は多い。この場合も素直に「こういう中国人もいるんだから」と自分に言い聞かせたいが、じつは素直になれない、ある「勘」が働く。

亡くなった胡友平さん

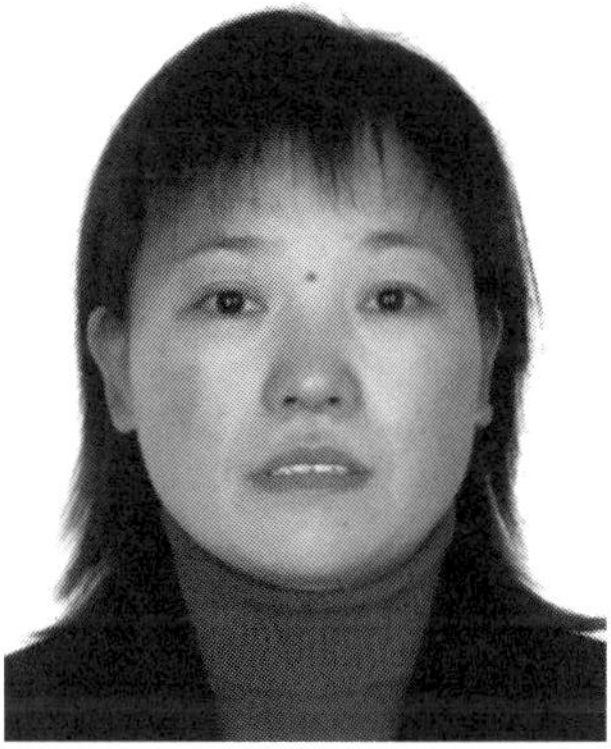

中国の百度百科より

物心ついたときから中国共産党員とともにおり、中国共産党軍の食糧封鎖により餓死体の上で野宿し、長じて大学の教授になってからは延べ2万人以上の中国人留学生の世話に没頭し、心から中国人留学生を助けるために家族をも犠牲にしてきた。中国政府のシンクタンクである中国社会科学院社会学研究所の客員教授・研究員として、本気で中国のために尽くそうと思っていた時期もある。

多くの裏切りにも遭い、煮え湯を飲まされながら、中国共産党の裏も表も知り尽くしてきた者としては、「待てよ」という気持ちが頭をよぎるのである。

中国は実に戦略的だ。見事なほど戦略的だ。

中共中央統一戦線は「実ににこやかな顔」をしてやってくる。

深圳日本人学校児童刺殺事件は中国政府にとっては非常に不利なことなので、「統一戦線」がひと働きしたかもしれない。深圳の現場だけでなく、在日中国人の間でも集会を開き哀悼の意を表し、涙まで流している中国人の表情を見て、逆に「違和感」を覚えた。もちろん本気で弔っている人はいるだろう。しかし「やらせ」という言葉までは使いたくないが、中国政府に不利にならないように動く中国の「愛国人士」は中国国内だけでなく、世界中にいる。

そのような「第六感」が働いてしまったのである。特にその「勘」をほぼ確信に変わらせていったのは中共中央や政府系メディアが、この弔いに関するニュースを削除するどころか、その姿を大々的に宣伝していることだった。李克強《りこっきょう》元国務院総理の死去を弔う人々の姿をさえ、あんなにまでして削除したのに対して、あまりに不自然だったのである。


さらに気になるのは中国外交部の反応だ。

たとえば、6月25日に開催された中国外交部の定例記者会見から、蘇州日本人母子襲撃事件に関する質疑応答部分だけを抜き出すと以下のようになる。

テレビ東京記者の質問と毛寧報道官の回答

記者　質問が2つあります。まず昨日蘇州で日本人の母子が刺されました。これは日本人に対する攻撃だったのか、それとも事故だったのかに関して詳細な情報を提供してくださいますか？　次に今月10日に吉林省で3人のアメリカ人が刺されましたが、短期間に被害者が外国人だった事件が2件ありました。これに関してどう思われますか？

毛寧　中国人の負傷者はすぐに病院に運ばれ治療を受けており、現在、日本人2名に関しては命の危険はありません。犯人は現行犯逮捕され、さらなる取り調べを受けているところです。このようなことが起きたことを遺憾に思います。私の知る限り、警察は初歩的判断でこの事件は**偶発的事件**としており、目下さらなる調査を進めているところです。同類の偶発的事件は世界中のどの国でも発生する可能性があり、中国は、中国国民と同様に、中国にいる外国人の安全を守るための効果的な措置を引き続き講じて参ります。

日本経済新聞記者の質問と毛寧報道官の回答

記者　蘇州で日本人母子が襲撃された事件についてお伺いします。容疑者の国籍、職業、犯行の動機などの情報を提供してください。今回の事件は、日中関係や中国における日本人の仕事や研究にどのような影響を与えているとお考えですか。

毛寧　事件はまだ捜査中なので、警察が発表する信頼できる情報を待つことをお勧めします。私が言いたいのは、警察の初動判断によると、これは**偶発的事件**であるということです。中国は世界が認める、もっとも安全な国の一つです。私たちは常に外国人が中国に旅行し、中国で学習したりビジネスをしたりして生活することを歓迎し、中国での外国人の安全を確保するための効果的な対策を講じ続けます（外交部ウェブサイトからの引用は以上）。

外交部報道官は日本の報道機関2社の質問に対して、いずれも**「偶発的事件」**としている。このときは助けに入った中国人女性がまだ病院で治療中ではあったが、「警察の初歩的判断で」という譲歩形は付けているものの、「偶発的」という言葉でこの事件を位置付けることに抵抗を覚えた。

というのは、その段階で外国人を殺傷しようとする事件が二件も起き、しかも対象がアメリカ人と日本人だということが気になったのである。日本メディアの質問にもあったように、6月11日に吉林省吉林市で起きたアメリカ人講師に対する刺傷事件と蘇州の日本人学校スクールバス襲撃事件には共通点があると思ったからだ。

もし中国にいるフランス人とかドイツ人、あるいはロシア人などが襲撃されているのなら、中国人同士を襲撃するのと同じ程度に「通り魔的な偶発性」として片づけることができる。ところが、そういう事例を見たことがない。

もちろん、だからと言って背後に中国政府系列の組織的なものがあるかと言えば、そんなものがあるはずがない。なぜなら外国企業を誘致したくてならない中国政府が、そのようなことをするはずがないからだ。

となると、中国全体の日米に対する視点が、今回の事件を起こさせるような社会的雰囲気を

郵便はがき

料金受取人払郵便

牛込局承認

9026

差出有効期間
2025年 8 月19
日まで
切手はいりません

162-8790

東京都新宿区矢来町114番地
神楽坂高橋ビル5F

株式会社ビジネス社

愛読者係 行

ご住所 〒 TEL：　（　　）　FAX：　（　　）			
フリガナ お名前		年齢	性別 男・女
ご職業	メールアドレスまたはFAX メールまたはFAXによる新刊案内をご希望の方は、ご記入下さい。		
お買い上げ日・書店名 年　月　日	市区 町村		書店

ご購読ありがとうございました。今後の出版企画の参考に
致したいと存じますので、ぜひご意見をお聞かせください。

書籍名

お買い求めの動機

1　書店で見て　　2　新聞広告（紙名　　　　　　　　　）

3　書評・新刊紹介（掲載紙名　　　　　　　　　）

4　知人・同僚のすすめ　　5　上司、先生のすすめ　　6　その他

本書の装幀（カバー），デザインなどに関するご感想

1　洒落ていた　　2　めだっていた　　3　タイトルがよい

4　まあまあ　　5　よくない　　6　その他(　　　　　　　　　)

本書の定価についてご意見をお聞かせください

1　高い　　2　安い　　3　手ごろ　　4　その他(　　　　　　　　　)

本書についてご意見をお聞かせください

どんな出版をご希望ですか（著者、テーマなど）

醸し出していると考えるのは自然だろう。こういった事件の背景には、必ずしも『反日教育』という要素だけでなく、中国人が危害を加えようとする国がアメリカと日本であることに関して、日本は中国に対する根本的な問題意識を考えてみる必要もある。

日本は対米追随をせず「国家観」を持った真の独立国家になれ

拙著『習近平が狙う「米一極から多極化へ」 台湾有事を創り出すのはCIAだ!』の【終章 「アメリカ脳」から脱却しないと日本は戦争に巻き込まれる】で書いたように、日本は敗戦直後のGHQの占領により「精神解体」をさせられてしまい、「悪いのは日本です」という精神を叩き込まれた。アメリカの目的は「悪いのはお前ら日本人なんだから、アメリカが日本に原爆を落としたことを恨むんじゃない!」ということを思い知らせるために、徹底した「贖罪意識」を埋め込んだのである。

そのために「アメリカ様様」という気持ちを日本人に植え付けることに成功はした。しかも「中華民国」と戦争をしたのは「悪い日本」であるだけでなく、その「中華民国を倒して誕生した中華人民共和国＝共産中国」に対しても「悪いのは日本」という激しい贖罪意識を日本人は抱くようになった。アメリカが自己都合で共産中国に接近し、米中国交正常化に向かったときには、日本も負けてはならじとばかりに慌てて北京詣でをして日中国交を正常化している。友情の印にパンダなどをもらって（貸してもらって）歓喜し、日中友好万歳の時代が続いた。

そのため天安門に集まって民主を叫ぶ若者を鄧小平が惨殺しても鄧小平を責めず、対中経済封鎖をイの一番に解除して、日本は対中投資に熱狂した。

ところが中国経済が発展し、2010年に中国のGDPが日本のGDPを凌駕して世界第二の経済大国になると、アメリカは中国に脅威を感じ始めた。アメリカによる世界一極支配が崩壊するのを恐れて、対中包囲網を形成し始めたのだ。

すると日本はすかさずアメリカに追随して現在もなお対中包囲網を形成するのに必死で、中国との関係は悪化の一途をたどっている。最近の調査では日本人の対中感情は90%以上が「反中」で、こういった情緒的な面でも完全にアメリカによるマインドコントロール下にある。マインドコントロールは、どういうニュースをいかなる角度から流すかで可能となる。

日本人は自分で考えることを放棄してしまって、「レッテル貼り」をやることによって自己満足をする癖がついてしまった。

深圳日本人学校の事件も、その辺の「中国問題専門家」が安易に「中国経済の悪化のはけ口」的なコメントをするものだから、賢くない政治家はそれを真似して同様のことを知った顔して言ってみたりしている。「毅然として！」とか「看過できない！」と述べて人気を落とさないようにしているが、あなたがた政治家がやるべきことは、中国がいかなる国家戦略で動いているか、その真髄を自らの目で確認することだ。それを怠り、中国が何をしようとしているのかを洞察する賢さもない。

皮相的な現象だけを追って、真に毅然とした戦略など、日本からは出てくるはずもない。日本には「独立した国家としての国家観」もなければ、賢さもないからだ。

中国が愛国主義教育の名のもとに「反日教育」を国家として推進しているのなら、日本はその上をいく「賢者の選択」を考えるくらいの頭脳が政治家になければならない。せめて何かあったときの「カード」を持っているべきだ。たとえば日本人がスパイとして逮捕されたときに、日本人を取り返すための「カード」を切れるような強力な国家戦略をあらかじめ持っていなければならない。深圳市の日本人学校児童が殺害されたときなどはなおさらのことだ。

さもなければ日系企業は中国から引き揚げなければならなくなるではないか。「遺憾砲」では日本国民を守ることはできない。

四川省の政府幹部が「われわれの規律は、まさに日本人を殺すこと」

もし日本人学校の学童を狙うような出来事が「中国経済が振るわないためのはけ口に過ぎない」という、一部の中国問題専門家の分析が正しいのなら、なぜ地方政府の幹部が「われわれの規律は、まさに日本人を殺すことだ」などと言うのか、その説明ができまい。

深圳の日本人学校児童が刺殺されたあとの9月23日、香港鳳凰網（フェニックス）傘下のニュースサイト「风快讯」（風快訊）は、四川省新竜県の黄如一副県長がSNS上で「われわれの規律は、まさに日本人を殺すこと」と書いた事実を報道した。そこには「（日本人の）子どもを殺したのが、なんだって言うんだ？ 大したことじゃない」とも書かれている。

信じられない方のために、そのスクリーンショットを図表4-6と図表4-7に示す。

図表4-6　子ども一人を殺したって大したことはない

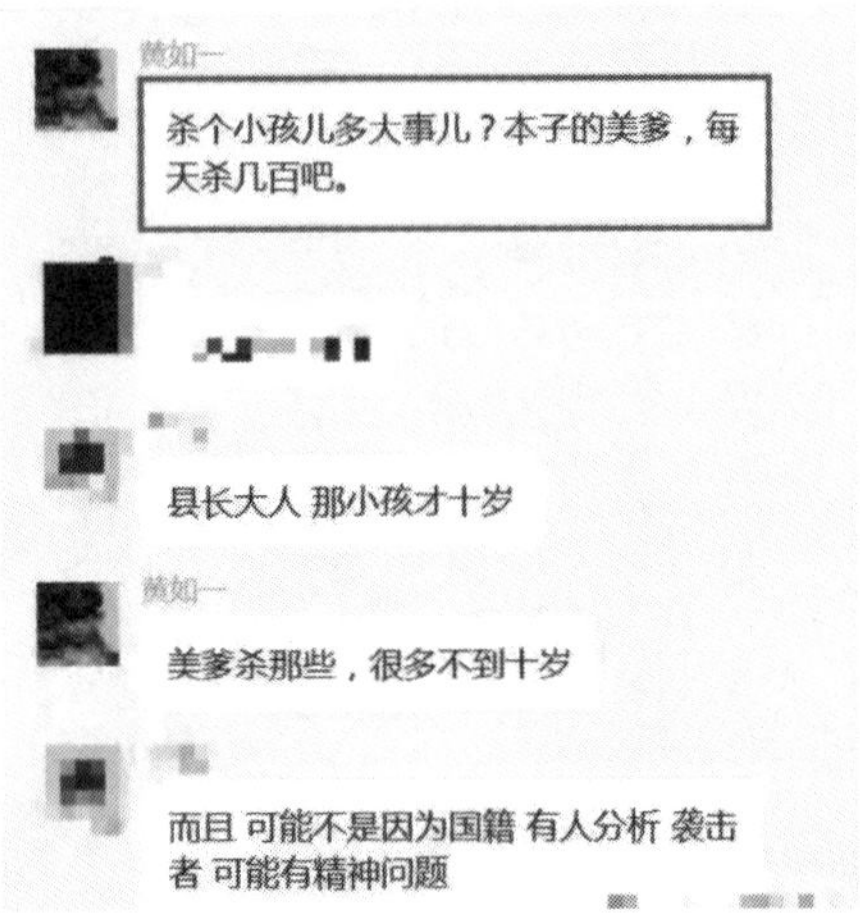

出典：黄如一副県長のSNS

図表4-7　「無辜の民を殺してない、殺したのは小日本の子ども」「われわれの規律は、まさに日本人を殺すこと」

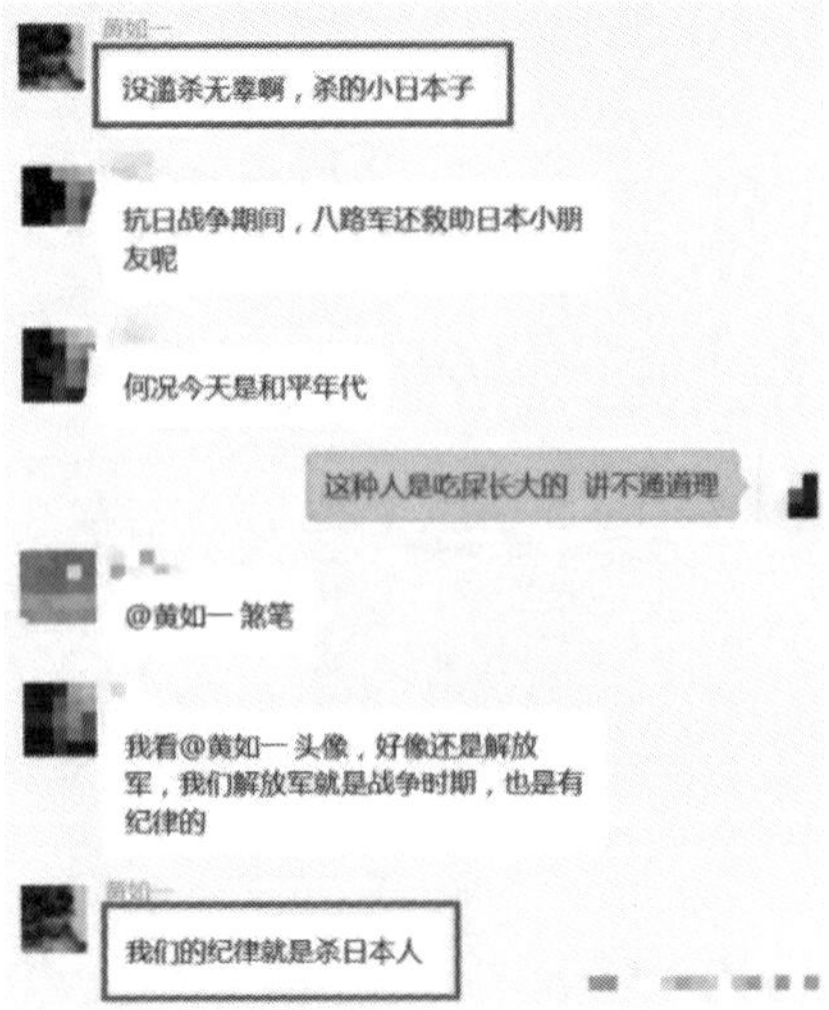

出典：黄如一副県長のSNS

図表4‐6の一行目に書いてあるのは、「(日本人の)子どもを殺したのがなんだって言うんだ？　大したことじゃない。日本の飼い主のアメリカは、毎日何百人も殺してるじゃないか」という意味だ。

図表4‐7の一行目に書いてあるのは「われわれは無辜《むこ》の民(罪のない一般人)をむやみに殺したのではない。殺したのは小日本(軽蔑すべき日本人の子ども)だ」という意味である。すなわち、「日本人なら無辜の民ではないので、殺してもいい」ということを意味している。そして最後の行に「われわれの規律は、まさに、日本人を殺すことだ」と書いているのである。

この「規律」は日本人にはピンとこない表現かもしれない。中国共産党には昔から「三大規律」というのがあって、「共産党員として絶対に守らなければならない規律」として厳しく要求されていた。たとえば「一般庶民からは針一本たりとも収奪してはならない」といった規律で、「共産党員ならば絶対に守るべき最低の精神的支柱」として共産党員の精神を律してきたのである。その意味で「規律」という言葉が使われていることから考えると、これは**「われわれは必ず日本人を殺さなければならない」**と書いているのに等しい。

四川省幹部の黄如一はごく普通の表情をした人物だ。異常ではない。この現実を読者の皆様の胸に刻み込んでいただくために彼の顔写真とプロフィールを図表4‐8に示す。

黄如一は1983年生まれの漢民族。この年代の中国人は10歳のころから激しい反日教育の洗礼を受けている。四川大学を卒業して工学博士まで取得し、四川省農村エネルギー発展センターの副主任も務めている。決して中国経済が不振なので、不満を抱いて、その不満の矛先を

図表4-8　副県長・黄如一の顔写真とプロフィール

黄如一　Bai百科

四川省农村能源发展中心副主任，甘孜州新龙县委...

黄如一，男，汉族，1983年5月生，重庆梁平人，2004年7月参加工作，2010年2月加入中国共产党，重庆大学城市建设与环境工程学院建筑环境与设备工程专业、建设管理与房地产学院工程管理专业，四川大学建筑与环境学院人居环境专业毕业，工学博士。[9]

现任四川省农村能源发展中心副主任，甘孜州新龙县委常委、副县长（挂职）。[8]

出典：フェニックス（鳳凰網）

日本に向けようとしているような立場の人間ではない。

ごく普通の中国政府の地方幹部だ。収入も悪くないはずだ。それでも、このような「日本人を殺すのは罪ではない」という思想を持っているという現実を私たち日本人は直視する勇気を持たなければならない。

これが中国の現実だ。

四川の火鍋店に「日本人と親日文化者は立ち入り禁止」の看板

こういった「現実」は何千何万とあり、枚挙にいとまがないが、もう一つの例をご紹介しよう。

深圳での事件が起きる4か月ほど前の2024年5月28日に、四川の普通の火鍋料理店に「日本人と親日文化者は立ち入り禁止」と

図表4-9　火鍋店に「日本人と親日文化者は立ち入り禁止」の看板

出典：捜狐網、重慶発

いう大きな看板があることが報道された。

これも信じられない方のために画像（図表4-9）でお示しする。

図表4-9の上2行に大きく書かれている「日本人と親日文化者は立ち入り禁止」の中の「親日文化者」の「文化」は、ここでは「精神」に近い意味だ。たとえば日本兵のコスプレをする若者（精神的日本人＝精日）や、いわゆる媚日派などを含む。

図表4-9の下の2行に書いてある「われわれは先輩たちに代わって（日本人を）許す資格を持っていない　歴史を忘れるな　革命烈士の先輩たちに敬礼」の意味は深刻だ。日中戦争のとき重慶は数年にわたって日本軍によって絨毯爆撃をされているので、その恨みは子々孫々にまで伝わっていくことだろう。この恨みは消えない。

したがって「反日教育」を強化すれば、こ

のような感情を惹起して、習近平自身にも止めようがないところに至る。そのためこういった反日事件が今後も起きる可能性があるのが中国の実態なのである。

見たくない現実だというのは理解できる。しかし、日本がこの現実を直視しなければ日本国民の犠牲者は増えるばかりだ。日本国民を真に守るためには現実を認識することが第一歩である。自民党議員たちが「遺憾」や「毅然と」などと語っても、中国の現状を知らなければ具体的な日本の政策は打てないはずだ。

習近平はなぜ「反日教育」強化を選んでしまったのか？

習近平が中共中央総書記になった2012年11月、その寸前まで何が起きていたか、覚えておられる方は多いだろう。破壊の限りを尽くして激しく暴れまくった反日デモは、中国共産党大会開催が困難かと思われるほど9月になっても収まらなかった。

一方で、そのころはまだ、「日本アニメ大好きな中国動漫新人類」がその気持ちのまま日本に憧れ、「中国共産党を精神の軸にすること」からは、はるか離れた遠いところにいた。

加えて2010年に中国のGDPが日本を追い抜くあたりから、NED（全米民主主義基金）の中国大陸における潜伏活動が激しくなり、香港を中心にして何とか中国政府転覆を謀ろうと活動を活発化させていた。

これらすべての問題を解決させ、中国共産党の一党支配体制を維持するには、習近平としては「中国共産党」とともに「反日」を精神の軸にして若者を引き付けておくしかなかったにちがいない。ここでは習近平が「反日教育」に舵を切らざるを得なかったプロセスと、それが招くこんにちの反日感情の現状の一端を考察したい。

２０１２年に燃え盛った反日暴動

２０１２年8月15日に、尖閣諸島に上陸した中国本土・香港・マカオの有志から成る保釣（釣魚島＝尖閣諸島を守る）行動委員会の活動家らが逮捕され強制送還された。このことをきっかけに反日デモが中国全土で展開された。9月10日に日本政府が尖閣諸島を民間から買い上げ国有化することを閣議決定すると、デモはいっそう激しく燃え上がった。日本製品不買運動を叫び、「小日本（日本の蔑称）を皆殺しにせよ！」、「日本など全滅させろ！」などと口々に叫んだりしながら日本企業を襲撃し破壊し放火した。

柳条湖事件である「九一八」すなわち9月18日を迎えるころにはデモは日中国交正常化以来、最大規模となり、このままでは第18回党大会を開催することができないのではないかと中共中央を慌てさせた。

特に第18回党大会は習近平が総書記に選ばれることがほぼ決まっており、党大会が「反日暴動」で開催できなくなるなどということは中国建国以来あったことがない。旧ソ連の崩壊を彷彿とさせ、胡錦濤政権は強引にデモ主導者を逮捕し党大会開催へと持っていった。

習近平政権が「反日」と「ハイテク化」に舵を切ったわけ

このような状況下で、11月に開催された第18回党大会で総書記になった習近平は、まず二つのことを実施した。

一つ目は若者の「反日感情」に迎合した政策で、「自分は反日だ」ということを若者に知らせる必要があった。このために２０１３年に「９月３日を抗日戦争勝利記念日」「12月13日を南京大虐殺受難者哀悼記念日」とすると決定した。立て続けに２０１４年８月31日には「９月30日を（革命）烈士記念日」にすると決定した。９月30日にしたのは、その翌日の10月１日が建国記念日で、１９４９年10月１日に新中国＝中華人民共和国誕生に貢献した、すなわち「中華民国」を倒すために「革命戦争」を戦った中国人民解放軍の烈士たちを記念するという意味合いを持つ。

そして「中国共産党こそが抗日戦争を戦った中心の柱だ」というスローガンを打ち出していったのである。

二つ目は２０１５年にハイテク国家戦略「中国製造２０２５」を発布したことだ（詳細は拙著『「中国製造２０２５」の衝撃　習近平はいま何を目論んでいるのか？』）。

なぜなら２０１２年の反日デモは最終的には中国政府に向かってきたのだが、その理由が「デモを呼び掛けているスマホやパソコンのパーツがほとんどすべて日本製だったから」である。日本製品ボイコット運動を展開しているのに、自分たちは日本のパーツでき上がっているスマホやパソコンを使ってデモ集合のための連絡を取りあっていたのか。このような「中華民族の屈辱」を思い切り突き付けられ、デモ隊の怒りはそのようなことを自分たちに強いた中国政府に向かっていったのだった。

「中国製造２０２５」から約10年の年月が経つ現在、中国は宇宙、太陽光、ＥＶあるいは民間用ドローン、はたまたクリーンエネルギーによる造船に至るまで、新産業において世界のトップに立つところまで成長している。

「中国経済低迷のために、そのはけ口として日本人学校の児童を殺傷した」という論説を筆者が肯定しない理由の一つは、このためでもある。

日本は中国が不動産産業などからハイテク国家戦略へとパラダイム・チェンジしている事実を見ようとしない（拙著『嗤う習近平の白い牙　イーロン・マスクともくろむ中国のパラダイム・チェンジ』参照）。

筆者は、中国経済が崩壊しているといった「夢」を日本人に抱かせることによって、日本の技術も経済も中国に後れを取っていく現状を見たくない。事実を無視することは日本国民の利益を損なうだけであることに気付いてほしいので、日本国民のために主張している。

中国動漫新人類のダブルスタンダード
80年代の中国人留学生の「反日感情」はゼロ

一方では、「はじめに」にも書いたように改革開放後、「日本大好き」という若者が誕生していた。１９８０年以降に生まれた者たちを中国では「80后（バーリンホウ）」と称する。その後、１９９０年以降に生まれた者「90后（ジュウリンホウ）」や２０００年以降に生まれた者「00后

（リンリンホウ）」などといった呼称が出てきたが、何といっても特別の意味を持っているのは「80后」だ。というのは、1980年に入ると、日本の映画だけでなくアニメ（動画）や漫画が上陸しはじめ、中国を席巻したからである。中国ではアニメと漫画を一つにして「動漫」という。

1966年から76年まで文化大革命が続き、厳しい統制と批判闘争の中で2000万人の犠牲者を出した暗黒の時代を経験した若者や大人まで、日本映画や動漫の世界にくぎ付けになり、高倉健に痺れ、アトムに夢を抱いて涙した。

「80后」たちは、物心ついたときから日本の動漫を見ながら育ったので、日本動漫の虜になり、ほぼ99％の「80后」が日本の動漫を見て育ったと言っていいだろう。

結果、「日本大好き」な動漫新人類が多いのだが、そこに反日教育が加わったので、「ダブルスタンダード」を持つに至っている。このことは拙著『中国動漫新人類　日本のアニメと漫画が中国を動かす』（2008年）に書いた。

日本動漫の海賊版が中国全土を席巻する社会現象と、愛国主義教育による反日感情が同時に植え込まれていく中、中国政府は国産アニメを増やし、日本アニメのウエイトを減らす政策を動かし始めた。

映画制作も政府による許可制なので、「抗日戦争もの」なら許可が下りやすく、興業のために「抗日戦争映画」を制作することが多くなった。これがまた反日感情を煽るようになった。「80后」たちはいま40歳前後だ。NHKの中国人元スタッフも、2024年9月18日「九一八」の日に深圳で日本人学校の10歳の児童を殺害した男も、40代であるという。ダブルスタンダードの真っ只中にいる世代だ。

特に日本に憧れ日本留学をした中国人元留学生たちには複雑なものがある。日本に憧れて留学はしたものの、2010年からは中国のGDPが日本を上回り世界第二位の経済大国に成長すると、日本留学は誇らしいことではなくなってきた。あんな日本にいるのかと軽蔑されないまでも、日本留学は価値を落とし始めた。

特に愛国主義教育では**「中華民族の誇り」**を強烈に打ち出しているので、そうでなくとも長い期間にわたる一人っ子政策で、小皇帝あるいは小皇女としてチヤホヤされながら育て上げられてきた年代の若者は、**異常なほど「自尊心」が高い者が少なくない**。中には日本人を侮辱したい気持ちを心の奥に秘めている者もいる。

それでいながら中国で流行った日本の模倣のコスプレに、侍姿ならまだしも、なんと日本兵のコスプレをする者まで現れて、「精日」という現象が一部で流行り始めた。「精日」とは「精神的日本人」のことである。2018年3月8日午前、当時の王毅外相は全人代恒例の、外交問題に関する記者会見を行った。内外記者からの22個ほどにわたる質問に答えて、席を離れようとした瞬間、南京に本社がある「現代快報」の記者が大声で質問した。

「外相、外相! ここのところ〝精日〟分子が民族の最低ラインを越えた挑発を行っていることを、あなたはどう見ていますか?」

すでに質問を終了させて立ち上がっていた王毅外相は、この質問に激しく怒りだし、「中国人の堕落者だ！」と声を荒げて舞台から去っていった。

中国の若者の精神構造は、ダブルスタンダードなどという言葉では表現できないほどに歪んでいる。

ＮＨＫラジオ国際放送の元中国人スタッフは「日本は歴史の真相を隠蔽している！」と叫び続けているが、「歴史の真相を隠蔽し続けているのは中国」だ。

中国共産党は嘘をついている。

日本軍が無辜の中国の民を殺傷したのは事実だし、あのようなことは二度とあってはならないが、中国共産党は政治のために日中戦争を利用してきた。日中戦争時代に人民を裏切ったのは毛沢東だ。国民党軍も人民のはず。新中国（現在の中国）誕生後も、毛沢東は政敵だけでなく無辜の民を含めて生涯で計７０００万人の中国人民を死に追いやったと言われている。その中には筆者が経験した１９４７年から48年にかけて餓死させられた長春食糧封鎖による数十万からなる中国人餓死者も入っている（参照：『もうひとつのジェノサイド　長春の惨劇「チャーズ」』）。

しかし１９８０年以降に物心ついた中国人は文化大革命も天安門事件も知らない。教科書で教えないからだ。授業で教わる「共産党一党支配の正当さ」と「日中戦争における日本軍の残虐さ」、そして「中国共産党軍がいかに勇猛果敢に日本軍をやっつけたか」を体感的に染み込ませ、中国共産党が言論統制をしていることさえあまり意識していない。

ふだんはノンポリで、筆者が世話をしてきた日本アニメ大好きな中国人元留学生は、「毛沢東が何人の中国人民を殺そうと、日本には関係ないでしょ！　日本人が中国人を殺していい理由にはなりません！　それによって日本軍が中国人民を殺戮したことを正当化するんですか！」」と激高した。

誰も正当化などしていない！

二度とあのような戦争を起こしてはならないということを主張するために、筆者は生涯をかけて努力してきたつもりだ。中国は共産党による一党支配体制を維持するために反日教育を利用している。そのために中国共産党の歴史を隠蔽し続けているではないか。自国の歴史の真相を見ず、日中戦争から時間が経てば経つほど反日教育を加速させるのは「中国のためにもならない」と言っているだけだ。中国がこの姿勢を変えない限り、次の戦争を惹起させる。

日本留学から日本の大学の大学院進学および日本企業就職まで、筆者が徹底して世話をしてきた中国人元留学生に罵倒される覚えはない。

同様のことはほかにもある。あれはたしか『中国動漫新人類』を出版した直後のことだった。北京にいる「日本大好きな中国動漫新人類」たちがシンポジウムを開催したいので講演をしてくれないかという依頼があった。

講演のコーディネーターは北京大学にいた、やや高齢の日本人だった。だから、その人に「中国動漫新人類」の話はするけど、拙著『中国動漫新人類』の後半に書いてあるサンフランシスコにおける「南京大虐殺」を激しく批判している人々の話は絶対にテーマに入れないでくれと頼んであった。ところがシンポジウムが始まってから、「南京大虐殺」に関するテーマが入っていることを知った。

質疑応答になると、女子学生が勢いよく手を挙げた。その手の挙げ方に敵意があるのを感じ取ったが、コーディネーターが指名したので質問を聞いてから回答しなければならない。

案の定、その女子学生は「南京大虐殺と日本の侵略戦争に関して遠藤先生はどう思っているのですか?」という趣旨の質問を始め、最初は日本語だったのだが途中から中国語になって、激しい勢いで詰問し始めた。体をブルブル震わし、声も震えているほど激しい怒りを表していた。筆者の脳裏にはふと、1950年代初期に中国人の同級生に「日本民族の子ども」として耐えがたい虐めを受け、ついに耐えられなくなり海河と呼ばれる幅の広い河に入水自殺を試みた、あの瞬間がフラッシュバックのように甦った。息が苦しく、いたたまれなくなり、舞台から逃げようという気持ちになったことがある。

あれだけ、日本大好きな「中国動漫新人類」が集まった集会でさえ、ひとたび「日本軍」の話になると、人間が変わったように攻撃的になる。私は罵倒されるために、わざわざ日本から来たわけではない。

どんなに奉仕し、どんなに可愛がっても結局、彼ら彼女らは最終的にはこの姿勢に行きつく。

なんという哀しい現実だろうか。

第三章で述べたことと一部重なるが、天津の小学校での「日本民族の子」としての糾弾は凄まじかった。日本が戦争を始めたときには、まだ生まれてさえいなかったのに、「お前が悪いから日本が侵略戦争を起こしたのだ」として、すべての憎しみが目の前にいる10歳の女の子に向けられ集中砲火を浴びる。「反対武装日本!」という歌を毎日授業で歌わされ、歌の最後には「反対武装日本――！」と拳を突き上げながら大声でシュプレヒコールを叫ぶのだが、クラスメートはその拳の先を私に向けて叫ぶのだ。筆者も同様に叫ばなければ反革命分子として罵倒が一層激しくなるので叫ぼうとするが、腕は長春での国共内戦で共産党軍の流れ弾を浴びて曲がったままなので伸ばすことができない。すると日本侵略を肯定しているものとして、気を失うまで罵倒が続く。自殺未遂に終わったが、侵略国家の子どもとして刻印された恐怖の屈辱は心深くに食い込んで今も消えない。

１９８０年代に入り、教鞭をとっていた大学のキャンパスに中国人留学生が現れるようになった。戸惑う中国人留学生に手を差し伸べると、多くの大学や日本語学校から筆者に助けを求める者が集まり始めた。問題を解決してあげるごとに、心に食い込んで消えなかった空洞が少しずつ埋められていくのを初めて知った。中国人留学生を助けることに没頭することは自分の心を救うことでもあった。

80年代の中国人留学生にはすでに40歳近くになっている者もおり、高齢のために日本語の覚えが悪く奨学金ももらえないで自殺を試みる者もいた。それを防ぐために命を懸けて助けてあげたこともある。文革時代に高等教育が閉鎖されていたために学歴が足りないとして大学院に進学できない者のために、中国に乗り込み国家教育部と交渉して『中国大学総覧』を出版し、当時の文部省や法務省に掛け合い、進学を助けてあげた。法務省出入国管理局の懇談会メンバーとして、留学生が在留資格を得るための保証人制度撤廃のためにも奔走した。**そのころ、どの中国人留学生にも「反日感情」などは微塵もなかった。**

変化が起き始めたのは2000年あたりからだ。日本動漫大好きで裕福で、しかし心のどこかに強烈な反日感情を抱く者が現れ始めた。日中戦争への恨みに関して時間が完全に逆行し始めたのだ。家族を犠牲にしながら必死になって中国人留学生のために働きまくった筆者の手元に今残ったのは、世話をした中国人留学生からの日中戦争に対する罵詈雑言だ。

この逆行するエンドレスの憎悪の連鎖から、日中ともに抜け出さなければならない。

日本は日中戦争に関して25回も中国に謝罪している

2002年の第16回党大会で中共中央総書記に選ばれた胡錦濤は、「愛国主義教育が狭隘《きょうあい》なナショナリズムを生み、反日感情を過剰にあおっているのではないか」と懸念していた。そこで総書記になった翌月に、中国共産党機関紙「人民日報」の元高級評論員（解説委員）だった馬立誠氏に、「対日新思考」という論考を書かせた。

それは「日本はもう十分に謝罪した。これ以上、謝罪、謝罪と言うのはやめよう」という趣旨のものである。馬立誠は、2002年12月に中国のオピニオン誌『戦略と管理』の中で、「対日関係の新思考——中日民間の憂い」という論考を発表した。それ以来、馬立誠は「日本はもう十分に謝罪した。中国はこれ以上日本に戦争謝罪を求めるべきでない」と書き続けている。2013年9月、香港にある「鳳凰網」（網：ウェブサイト）の取材に対して、「日本は中国に対してすでに25回も戦後謝罪をしている」と具体的回数まで挙げている。

しかし今ではほぼ削除されていてネットで見ることはできない。ただ唯一、2015年12月

12日の中国共産党機関紙「人民日報」の姉妹版「環球時報」電子版「環球網」に〈馬立誠：日本政府の指導者は戦争責任問題について25回正式に謝罪している〉という情報が残っている。ただし、そこには、それまでになかった以下の文言が加わっている。

あなたは日本政府の指導者が心から謝罪していると思うか？

●一応、誠実に謝罪してはいる。

●しかしそれは口先だけで、反省はしていない。

●本気で謝罪してはいないだけでなく、歴史を否定している。

「環球網」はこの4行を付け加えた上で、馬立誠の論考の一部をまとめている。

日本と中国は1972年に国交正常化しており、そのとき中国は日中戦争に対する戦後賠償を放棄している。「中華民国」の蔣介石が戦後賠償を放棄していたことが大きく影響しているかもしれないが、中国の場合、日本は翌年から膨大な対中ODA支援を始めており、その総額は戦後賠償以上の金額にのぼるだろう。しかし中国は日本が25回も謝罪したこともODA支援をほぼエンドレスに続けていたことも、人民に対して明らかにしようとはしてこなかった。

胡錦濤も馬立誠もこれにより売国奴呼ばわりされ、特に胡錦濤国家主席は2008年5月に国賓として訪日し、当時の福田康夫首相と「戦略的互恵関係」を結ぶ中で「東シナ海の共同開発」などを約束したため、「現在の李鴻章《りこうしょう》」として激しく罵倒された。

習近平政権になったあとのことだが、筆者はその馬立誠氏と連絡を取りたく、知人に頼んで携帯番号とメールアドレスを入手し、互いに連絡を取り合った期間があった。

ところがある日、馬立誠から電話があり、「遠藤先生はあの右翼雑誌WiLL（月刊Hanada）に原稿を書いているそうではないですか！　今後は二度と、私にいかなる連絡もしないでください！」と言って電話を切った。

なんでも日本の大学で教えている某中国人教授が、「遠藤は反中だから気を付けろ！」と密告したのだという。

日本国内に張りめぐらされている「在日中国人」の恐るべきネットワーク。

誰がどこで何をしているのかわからなくなり、「反日の闇」の深さを思い知らされたのだった。

日本で働いている数多くの中国人元留学生には善良な人が多いが、こと日中戦争の問題になると、激高する者も少なくないことは認識しておいたほうがいいだろう。

第五章

日本の闇
―日本の官公庁のデータは中国人が作成している！

日本の全省庁統一資格が隠れ蓑《みの》

周知のように日本のすべての官公庁には〈全省庁統一資格〉が設けられている。全省庁統一資格とは「各省庁における物品の製造・販売等に係る一般競争（指名競争）の入札参加資格（全省庁統一資格）」のことだ。この資格は、各省庁申請受付窓口に掲げる申請場所のいずれか一か所に申請し、資格を付与された場合において、その資格は該当する競争参加地域のうち、希望する地域ごとに所在する各省庁の全調達機関において有効な入札参加資格となる。

本資格が有効となる各省各庁は「衆議院、参議院、国立国会図書館、最高裁判所、会計検査院、内閣官房、内閣法制局、人事院、内閣府本府、宮内庁、公正取引委員会、警察庁、個人情報保護委員会、カジノ管理委員会、金融庁、消費者庁、こども家庭庁、デジタル庁、復興庁、総務省、法務省、外務省、財務省、文部科学省、厚生労働省、農林水産省、経済産業省、国土交通省、環境省及び防衛省で外局及び附属機関その他の機関並びに地方支分部局」だ。

競争参加地域および都道府県は、北は北海道から南は沖縄県までの日本全国を網羅する。入札して落札する可能性のある企業に対する「付与数値・等級等」を見る限り、結果的に日本の大手企業しか受注できないような仕組みになっている。

というのはAランクからDランクまでの企業があるものの、やはり「年間売り上げ200億円以上」とか「自己資本額10億円以上」とか「営業年数20年以上」などと企業に対する「付与点数」がある。発注者側としては小さなC、Dランクの企業に発注して失敗するよりも、これまで何十年も実績のあるAランク企業に発注したほうが失敗が少ない。だから経験数の少ないC、Dランクの企業に頼むよりいいだろうと考える傾向にある。発注者側としても失敗したら官公庁内部で責任を取らされるから、往々にして経験の多い企業を選ぶ結果を招く。このくり返しが何年も続けば、当然、大手企業が生き残っていくだろう。

ここが肝心だ。

官公庁の業務を受注した日本の大手企業が実際に何をやっているか、ご存じだろうか。この大手企業が隠れ蓑となり、最終的な実際のデータ作成業務は、中国大陸にある「小さな中国企業」、あるいは「中国人個人」が実施している流れをご紹介する。

「全省庁統一資格企業」↓「日本の下請け会社」↓「中国人孫請け業務」

たとえば日本政府の官公庁の中央が入札する資格を持っている「全省庁統一資格企業」Aに仮に100億円のプロジェクトXを発注したとする。

データ作成やウェブサイトの作成や保守をする場合、ふつうならば企業AがA社内に多くのIT人材を抱えていて忠実にプロジェクトXを実行しなければならないはずだ。

ところが日本には優秀なIT人材が少なく、A社内で実行することが困難と判断する「全省庁統一資格企業」が少なくない。実行できる人材を抱えていればそれなりに高い給料を支払わなければならないし、そのプロジェクトに専念していなければならないので、儲けが大きくはならない。

そこでA社はたとえばだが、100億円のほんのわずかな割合の金額しか支払わずに「日本の下請けの中小企業」B社に業務を委託する。B社は、本来なら100億円ほどかかるプロジェクトXの業務を、その何割かのほんのわずかな経費で完遂しなければならないので、ふつうに日本人のIT人材を雇用できるはずがない。

そこで格安の報酬でも引き受けてくれる中国人IT人材を使用することになる。「日本国内にある下請け会社」は、自社で中国人元留学生を雇用する場合もあれば、中国にいるIT人材に遠隔で依頼する場合もある。

打ち合わせが必要な場合は、オンラインがあるので何とでもなる。

もちろんここで役立っているのは「日本語がわかる中国人IT人材」がいることだ。これは第四章で書いたように、いくらでもいる。なにも日本に留学していなくても、物心ついたときから日本の動漫を見て育っているので、自然に日本語を覚えてしまう。文章を書かせると、たちまち「ああ、中国人だ」というのが目立つが、しゃべる分には「オタク言葉」でもなんでも、日常会話が自然にできる。なので万一にも日本の下請け会社に委託してきた大手企業と話をしなければならないときがあったとしても、大きな支障はきたさない。

ところが最近では、さすがに目を光らせている正義派ジャーナリストの存在を気にしてか、孫請け中国人人材に「名前を日本名に変えてくれないか」と頼んでくる日本の下請け中小企業が現われ始めた。

孫請け中国人人材は、しっかり愛国主義教育の名の下での「反日教育」を受けているから、

「中華民族としての自尊心」を傷つけられ、カチンとくる。そこで筆者に不満を漏らすケースも出てくるわけだ。

それでも黙って入力作業を継続しているのは、国家全体としてのGDPは2010年から中国が日本を上回り中国は世界第二の経済大国になっているが、現状ではまだ平均的な給料からすれば、日本のほうが中国よりはやや高いからかもしれない。中国人IT人材は今のところ静かにじっと耐え、日本の官公庁の内部データあるいは日本国民の個人データを黙々と入力し、日本の官公庁のウェブサイトを黙々と制作保守している。

筆者自身は1980年初頭から中国人留学生の世話をし続け、人脈もまだいくつか残っている。だから実際に日本の官公庁の業務を、薄給で日夜遂行している実態を知っている。

悪いのは中国人IT人材ではない。悪いのは日本政府であり、この実態を（おそらく）薄々知りながら、徹底究明をしようとしない日本の国会議員たちだ。もちろん悪質なのは受注した「全省庁統一資格企業」だが、その「闇のからくり」を知りながら目をつぶる政府与党国会議員の罪は計り知れなく重い。

中国にマイナンバーと年金情報が「大量流出」していた！

総務省は2014年1月、官公庁から受注した業務を、「全省庁統一資格」企業であっても、発注者の許可なしに外部に委託することを禁止する勧告を出している。

しかし、そんなことを守る大手企業はあまりない。

２０２３年7月26日、ジャーナリストでもあり作家でもある岩瀬達哉氏が、〈中国にマイナンバーと年金情報が「大量流出」していた…厚労省が隠蔽し続ける「不祥事」の全容〉という論考を発表しておられる。岩瀬氏は事件の概要を、以下のように書いておられる。

《事件の概要》２０１７年の大幅な税制改正を受け日本年金機構は、厚生年金から所得税などを源泉徴収する「税額計算プログラム」を作成し直す必要があった。約７７０万人の厚生年金受給者に「扶養親族等申告書」を送付。記載内容に漏れや間違いがないかをチェックしてもらうとともに、あらたにマイナンバーや所得情報を記入し、送り返すよう要請。送り返されてきた「申告書」をデータ入力することでプログラム化をはかることとした。機構はその入力業務を、東京・池袋のデータ処理会社、ＳＡＹ企画に委託したものの、同社が中国大連市のデータ処理会社に再委託したため、そこから**日本の厚生年金受給者の個人情報が、中国のネット上に流出した**（以上、岩瀬氏の論考から引用）。

岩瀬氏は２０２３年7月28日にも〈**【追及スクープ】**「５００万人のマイナンバーと年収情報」を中国に丸投げした池袋の企業に支払われた「７１００万円の報酬」〉を公開しておられる。それらの論考を詳細にご覧になればわかるが、この問題は何度も国会で取り上げられている。約10日間にわたった衆参両院での集中審議を行ったようなので、国会議員で、この事件を知らない者がいるとは思いにくい。

しかし岩瀬氏の記述によれば、「国会での虚偽答弁の連発」により、うやむやにされてしまい、まるでなかったかのようなことになっているようだ。

岩瀬氏の論考には、以下のようなことが書いてある。

――すべてのはじまりは、17年12月31日の大晦日だった。この日、日本年金機構の「法令等違反通報窓口」に2通のメールが届いた。メールの中身は、「最近中国のデータ入力業界では大騒ぎになっております。『平成30年分　公的年金等の受給者の扶養親族等申告書』の大量の個人情報が中国のネットで入力（ママ。公開のミスか？）されています。普通の人でも自由に見られます。一画面に受給者氏名、生年月日、電話番号、個人番号（マイナンバー）、配偶者氏名、生年月日、（配偶者の）個人番号、配偶者の年間所得の見積額等の情報が自由に見られます。誰が担当しているかはわかりませんが、国民の大事な個人情報を流出し、自由に見られても良いものでしょうか？　ネットからハードコピーを取りましたが、アップできませんでした。残念です。対策が必要と思います。宜しくお願い致します」というものだった（岩瀬氏の論考の引用はここまで）。

これは過去のことのみでなく、日本の官公庁のデータ入力やウェブサイトの制作保守は、今この瞬間にも中国人ＩＴ人材が行っているのである。

もっとも岩瀬氏が指摘しておられる年金問題事件に関しては、実は独立行政法人・日本年金機構にこそ問題があるという、別のジャーナリストによる指摘もある。法人化は国立大学に関しても大きな問題をはらんでいることからカバーする範囲が広範なので、ここでは省略する。

今のところ日本政府はマイナンバーの早期徹底化を強調しているが、筆者は裏の実態を知っているので、日本で最後の一人になってもマイナンバーの登録をする気はない。

自民党の議員たちはこの現実をご存じなのか否か、ご存じでもスルーしているだけなのか、ぜひとも明らかにしていただきたいものである。

経済安全保障に関しても「全省庁統一資格企業」の一部が下請け会社に業務を丸投げし、その会社が中国人ＩＴ人材に孫請けとして丸投げしているとすれば、安全保障も何もあったものではない。膨大な数の中小企業が、「下請け」でしか生きていけない現状こそが、「経済安全」を保障する上でも、日本の経済を底上げさせる上でも、最優先的に解決されなければならない問題のはずだ。そこが解決されない限り「孫請け中国人ＩＴ人材」の問題は日本から消えない。

また、なぜ日本には優秀なＩＴ人材が少ないのかも問題だ。

１９８０年初頭から中国人留学生の教育に携わってきた筆者としては、最近の中国人人材の知的レベルの高さと、それに反比例するような日本人人材の低迷に当惑している。その原因がどこにあるのかを究明するために日々苦闘しているが、「孫請け中国人」が現れる原因の一つには、この問題もあることを見逃してはならない。

となると、ここでは二つの疑問がわいてくる。

一つは、岩瀬達哉氏が提起しておられる問題の大手企業が丸投げした中国企業が、なぜ「大連」にあったのかということだ。これを突き詰めることによってアウトソーシングという現象の根幹が見えてくる。

もう一つは、なぜ日本の人材のレベルが低くなってきたかである。

２０２４年6月18日、イギリスの科学誌ネイチャー（Nature）などを出版するSpringer Natureが発表したNature Index 2024 Research Leaders（Nature指標２０２４ 研究リーダー）ランキングの「トップ10」に、中国の大学や研究機関など教育研究機関が7機関もランクインしていることがわかった。それに比べて日本は19番目に東京大学が入るが、次は47位に京都大学があるだけである。

２０２４年6月14日に日本の国際卓越大学（国際的に卓越した研究の展開及び経済社会に変化をもたらす研究成果の活用が相当程度見込まれる大学）として選ばれた東北大学は、なんと世界ランキングで第１０４位。これが日本でもっとも期待されている大学の、全世界におけるランキングなのだ。かつて鳴り物入りで誕生した沖縄科学技術大学院大学などは研究ランキングでは５００位圏外で、世界から見ると存在していないに等しい。

これは日本の危機だ。

その現状を、「孫請け中国人が日本の官公庁のデータを作成している事実」が浮き彫りにしたとすれば、この問題には国家滅亡に近い「日本の闇」が潜んでいることになる。

そこで、この二つの問題を明らかにすべく考察を進めてみた。

大連の日本企業アウトソーシング拠点は薄熙来が建設した

２０１２年に失脚し２０１３年に終身刑に処せられた薄熙来は、実は１９８８年から２００

0年まで遼寧省の大連市と関わっていた。1993年に大連市の市長になり1999年には大連市の書記に、そして2000年には遼寧省副書記になったあと、2001年からは中央行政の商務部の部長（大臣）になっている。彼は商務、すなわちビジネスに強く、大連市の市長や書記の時代に同市に巨大な「高新技術産業園区・軟件（ソフトウェアパーク）」を設立して、世界各国のアウトソーシング業務を担うようになった。

中でも圧倒的に強力な連携を結んだのは日本である。「旧満州国」時代からの伝統もあり、大連は日本語に強かったという理由もあるが、薄熙来が非常に積極的に日本企業を大連に呼び込もうとしたのが大きいだろう。

中国は建国50周年記念である1999年に中国全土に「留学人員創業パーク」というのを創設して、全世界から特別な技術や特許を持った中国人元留学生の博士たちに声をかけていた。その技術や特許を中国政府側あるいは投資家が買い、中国各地にある「留学人員創業パーク」で創業するという全地球レベルの大事業を展開していた。

筆者はその壮大な動きを『中国がシリコンバレーとつながるとき』（2001年）で描いたが、このとき大連にも行って薄熙来と会ったことがある。野心満々でギラギラと光る眼が印象的だった。

あれがやがて弁護士で妻の谷開来《こくかいらい》によるニール・ヘイウッド殺人事件ともつながり、汚職や賄賂あるいは重慶市書記になったときの毛沢東を模倣した「打黒唱紅」運動という独立王国形成に発展し終身刑の身になってしまった。もちろん賄賂や収賄の額も尋常ではなかった。

薄熙来に関して筆者は『チャイナ・ジャッジ　毛沢東になれなかった男』（2012年）という本を上梓したくらい強い関心を持っている。この本を書きあげるために、殺人犯・谷開来の弁護士にも電話で取材するほど徹底した調査をしたほどだ。それだけに日本のマイナンバー入力情報漏洩の舞台裏に関しては、やはり尋常ではない探求心を覚えるのである。

大連には大連外国語学院という日本語教育に長けた大学があるだけでなく、大連大学、大連理工大学、大連交通大学、大連海事大学、大連軽工業学院、大連水産学院などではIT人材を養成している。中には「日本語コース＋IT特訓コース」といった組み合わせのカリキュラムもあって、日本企業のBPO（Business Process Outsourcing、ビジネス・プロセス・アウトソーシング）の根拠地になるにはもってこいの条件が整っていた。1990年代初期では中国の給料は日本の10％から20％程度だったし、距離的にも成田空港から3時間程度で着く。このため多くの日本企業が進出し、大連はまるで日本の「バックオフィス」拠点のような役割を果たしていたのである。

この習慣が深く残り、日本の官公庁から大きなプロジェクトを受注した日本の統一資格を持った大手企業は、大連の中国企業に業務を丸投げしたり、日本の子会社に委託し、子会社が中国人人材や小さな中国企業に孫受けさせたりするという悪習が今も歴然と残っている。

それならなぜ、日本には優秀な人材が育たないのか、そこに切り込んでいきたい。

なぜ日本のＩＴ人材は中国に劣るのか？

人材に関しては大きく分けて二種類ある。一つは本章で扱っている、ひたすらデータ作成やホームページ作成などに勤しむＩＴ人材で、もう一つはＩＴに限らず、前述のNatureの研究者ランキングのような研究者としての人材だ。

まず前者のＩＴ人材に関して考察しよう。

これは今まで何度も他の本やコラムなどでくり返し書いてきたことだが、まず中国には「後進性の利」がある。

筆者が１９９０年代初めに中国にたびたび出張していたころは、まだ「あの家にはテレビがあるのよ」とか、「やだ、あの人なんかＦＡＸ機能が付いた固定電話を持っているんだから、もう豪勢なものよね」という時代だった。「固定電話」がある家は富裕層に位置づけられていた。だからさまざまな機能を持つポケベルが流行り、携帯電話が出ると、中国人民は携帯電話に殺到し、製造者側もどんどん技術を進歩させていって最先端のスマホが売られ、誰もがスマホを持つようになった。

またパソコンも、中国では大型汎用機である計算機が普及する時代を通り越して、いきなり「パソコン」の時代に入った。このおかげで多くの人がパソコンを持つようになり、テレビよりもパソコンやスマホを通してニュースを視聴するようになった。

筆者がまだ一橋大学の教員として大型計算機を使ってコンピュータ・シミュレーションをし

ていた１９８０年代、大学院博士課程も含めて国費の中国人留学生が多かったのだが、計算機センターに通っているのは欧米系の留学生が多かった。大型汎用機を使う状況が中国にはなかったからだということの表れの一つかもしれない。

90年代初頭では中国国内でもパソコンは貴重品だった。ところが２０００年代に入るとパソコンやネットの普及率が高まり、一気にデジタル化時代に突入していったように思う。

中国は国土が広いために早くからネットを通した遠隔教育が進んでいたし、監視社会でもあることから、すべての個人情報が身分証明書番号に紐づけられるようになっていたために、顔認証も発展しており、デジタル化が一層進んでいった。中国ではデータ入力はすべて自国内で行っているので、当然ながら他国に個人データが漏れるようなこともない。

コロナの時期になると感染者の追跡にも役立っていたほどだ。そのとき日本では、保健所が感染者を把握するのに「紙ベース」の「ＦＡＸ」を用いることしかできなかったために感染者の集約に難航し混乱を極め、日本のロー・テクぶりを世界に知らしめる結果になった。

ことほど左様に、日本の「非デジタル化」には驚くべきものがある。

日本の場合、銀行などにはプログラミング言語としてまだＣＯＢＯＬ（コボル）言語を使っているところさえある。ＣＯＢＯＬ言語というのは、１９５９年に事務処理用に開発されたプログラミング言語で、英語ではCommon Business Oriented Languageと書く。１９６０年代ではＦＯＲＴＲＡＮ（フォートラン）66、１９７０年代ではＦＯＲＴＲＡＮ77が現れ、１９９０年以降は、ＦＯＲＴＲＡＮ90、ＦＯＲＴＲＡＮ95、ＦＯＲＴＲＡＮ２００３、ＦＯＲＴＲＡ

N２００８と言語仕様が改定されている。１９７２年にC言語が現れて併用され、１９９１年からはPYTHON（パイソン）言語が使われるようになった。

筆者はFORTRAN専門で、一橋大学時代に大いにコンピュータ・シミュレーションのためのプログラムを書いて大型汎用機を使わせてもらったものだ。

時代とともに、使うプログラミング言語も違ってくるが、少なくとも今の時代にCOBOLを使ってプログラミングをする国は日本くらいではないだろうか。

保健所の情報交換やデータ処理が、いまだ紙ベースでFAXを用いているのと同じ怪奇現象で、はるか昔のプログラミング言語がまだ使用されているというのは信じがたい。

なぜそんなことが起きているかというと、日本における高度成長期、COBOL言語は銀行や航空会社あるいは政府機関の基幹システムとして大いに実力を発揮した。しかも大型の投資がなされており、銀行などでは主に勘定系システムにおいて力を発揮したので、今もCOBOLを使っているという現象が存在するようだ。そのとき繁栄し過ぎて大量投資もしているので、今さら別言語へゼロから移行すると、コストも時間もかかる。少しずつ改良するための投資はするが、完全にCOBOL系を捨ててしまうことができないまま、こんにちに至っている。

このように日本はデジタル化においては「非常に懐古的」で、軽やかにIT化などという現実ではない。だから今さらのようにDX（デジタル・トランスフォーメーション＝デジタルテクノロジーを使用してビジネスプロセス・文化・顧客体験を創造改良し、変わり続けるビジネスや市場の要求を満たすプロセス）などというのが巷で流行る結果を招いている。

これらをすべてすっ飛ばして、最先端のデジタル社会で生きているのが中国だ。したがって中国のＩＴ人材はいくらでも湧き出てくるということになる。しかも技術の高い人材がいる。その人たちが低賃金で業務を遂行してくれるのなら、これに越したことはないという仕組みが、日本社会に暗然と、しかもほぼ「安定的に」でき上がっている。

中国人人材の中にＮＨＫラジオ国際放送局の報道テロをするようなギリギリの切羽詰まった心情を抱いている人が「絶対にいない」と日本は断言できるのか？「報道テロ」をＮＨＫは予見できたのか？　うすうす不満をこぼしているのを知りながら、「まさか、こんなことが起きるとは思っていなかった」にちがいない。彼は22年間も黙々と業務に忠実に「日本の価値観」に基づいたニュース報道をしてきたのだから。いや、その業務を「おそらく耐えがたきを耐えながら」遂行してきたにちがいない。その忍耐の緒がプツリと切れた。本書冒頭から書いてきた、連続した反日行動と、その同調圧力が彼をそこに追いやったのかもしれない。

このある日の「忍耐の緒の切断」を抱えながら、日本はそれでも中国人人材に官公庁の最末端の業務遂行を任せているのである。

それを知りながら「知らないふり」をしている国会議員たち。

裏金問題を再調査すれば自分をサポートする議員が逃げてしまうことを恐れているのと同じ構図だ。これを「日本の闇」と言わずに何と言おう。

研究人材も日本人は中国に圧倒されている!

では、第二の研究人材に関してはどうかというと、論文数も特許申請数も、研究者ランキングにおいても中国が世界一で、アメリカも及ばない。日本など見る影もないという状況だ。最先端のテクノロジーに関しては世界の90%を中国が占めているし、しかも「世界トップ」の座を独占している。ASPI(Australian Stragic Policy Institute)が2023年データとして発表している"Who is Leading the Critical Technology Race?"(誰が最先端テクノロジー競争をリードしているか?)によると、44分野の最先端技術に関して世界トップの国は「中国:37分野」、「アメリカ:7分野」で、中国がダントツの世界一だ。日本など1分野たりとも出てこない。

これは第四章にも書いたように、習近平が不動産業など従来の産業から抜け出して「新産業」へと舵を切り、パラダイム・チェンジを断行しているからだ。これに関しては拙著『嗤う習近平の白い牙　イーロン・マスクともくろむ中国のパラダイム・チェンジ』で考察した。いま現在は『米中新産業WAR』(仮)というタイトルで間もなく本を出版すべく、その原稿の執筆に同時進行で邁進しているところだ。なぜ中国がここまで新産業で強くなったかに関しては、近いうちに出版することになっているその本の中で徹底的に分析する。

最後に読者の方々にお願いしたいのは、すぐさま「反中」か「親中」かというレッテルを貼らないようにしていただきたいということだ。ネットではタイトルを読んだだけで「反中だ！」、「親中だ！」とレッテルを貼り、遠藤は「どっちなんだ！」という批判を浴びることが多い。筆者は「反中でもなければ親中でもない」。もともとは理論物理の研究に従事していたものとして「論理的思考回路」を鍛えられてきたので、論理的整合性がないと、どこまでも整合性を見つけるまで徹底して追究していく。その姿勢を崩したことはない。

だから中国が愛国主義教育の名のもとに反日教育をしていることも事実なので、それは証拠を以て明確に指摘する。その教育が行き過ぎて、中国政府としては制御できなくなっていることも事実なので、それも指摘する。

一方、日本は何をやってきたのか。

かつて日本に原爆を落としたアメリカの顔色ばかりうかがって、アメリカに盲従し、科学技術後進国になってしまった。それでいながらアメリカの世界一極支配を維持するための対中包囲網には協力している。

アメリカに対しても中国に対しても、GHQによって贖罪意識を植え付けられた日本は、自分自身の頭脳で判断する力を失い、アメリカのコントロールのままに「レッテル貼り」で思考停止をする傾向を生んでいる。

そこに警鐘を鳴らす筆者を、ビジネス社の唐津隆社長は、「遠藤先生は炭坑のカナリアですね」といつも仰って、ともすれば挫《くじ》けそうになる私を励ましてくださる。

「炭坑のカナリア」とは「何らかの危険が迫っていることを知らせる前兆を指す」言葉で、

「炭坑で有毒ガスが発生した際に、人間よりも先にカナリアが察知して鳴き声が止む」ことに由来するらしい。その昔、炭鉱労働者はカナリアを籠にいれて坑道に入ったという。

その危険を察知して「鳴くのをやめる」というより「危険だよ、と鳴いているのが遠藤だ」と言ってくださる。

涙が出そうだ。

このような良き理解者がそばにいてくださることを神に感謝したい。

唐津様、ありがとうございました。

読者の皆様、どうか「レッテル貼り」をしないで、拙著にお目通しください。

日本国民に少しでも役立つことができればと、最後の力を注いでいます。

2024年晩秋

遠藤誉